Malte Spitz

Daten – das Öl des 21. Jahrhunderts?

Nachhaltigkeit im digitalen Zeitalter

Hoffmann und Campe

Die Recherchen zur Erarbeitung dieses Buches
wurden durch ein Fellowship des Bucerius Labs der
ZEIT-Stiftung Ebelin und Gerd Bucerius ermöglicht.

ZEIT-Stiftung
Ebelin und Gerd
Bucerius

www.buceriuslab.de

1. Auflage 2017

www.hoca.de
Einbandgestaltung: Sarah. M. Hensmann
© Hoffmann und Campe
Satz: Pinkuin Satz und Datentechnik, Berlin
Gesetzt aus der Albertina MT Std
Druck und Bindung: CPI books GmbH, Leck
Printed in Germany
ISBN 978-3-455-00030-6

HOFFMANN
UND CAMPE

Ein Unternehmen der
GANSKE VERLAGSGRUPPE

Für meine Frau Silke und meine Kinder Helene und Hannes. Damit ihnen digitale Nachhaltigkeit alle Möglichkeiten zu einem selbstbestimmten Aufwachsen und Leben eröffnet.

Inhalt

1. Einleitung

Es war im Frühjahr 2010, als ich zum ersten Mal den Satz hörte: »Daten sind das Öl des 21. Jahrhunderts.« Seitdem ist mir diese Aussage in abgewandelter Form immer wieder begegnet: »Daten sind das neue Öl.« Oder allgemeiner: »Der Rohstoff der Zukunft sind Daten.« Spätestens bei einer Lesereise nach Südkorea und Taiwan im Jahr 2015 realisierte ich, dass dies möglicherweise die erste globale Metapher für das digitale Zeitalter ist. Es gibt viele Metaphern, die genutzt werden, um Veränderungen zu erklären, Bilder von Naturgewalten werden herangezogen oder eben von Rohstoffen. Die Metaphorisierung von technologischem Wandel ist nicht neu, wird aber im Zusammenhang mit Daten und Digitalisierung besonders gern verwendet, um allgemeine technische Prozesse und deren Tragweite fassbarer und damit verständlicher zu machen.

Es sind nicht zuletzt die Unternehmen selbst, die sich der Metapher bedienen. Brian Krzanich, Chef von Intel, dem weltweit führenden Hersteller von Mikroprozessoren für PCs, schrieb Ende 2016 auf der Firmenwebseite mit Bezug auf die Automobilindustrie, Daten würden die Welt verändern, wie es vorher nur das Öl getan habe. Ähnliches hörte man vom Vorstandschef der Deutschen Telekom, Timotheus Höttges, und vom ehemaligen CEO des beruflichen Netzwerks XING, Stefan Groß-Selbeck schon früher.

Der britische *Economist* titelte im Mai 2017: »The world's most valuable resource is no longer oil, but data«, und illustrierte seinen Artikel mit einer Zeichnung, die Datenkonzerne als Ölbohrinseln im Meer zeigte. Und natürlich hat auch die Politik den Vergleich längst aufgegriffen. Bundeskanzlerin Angela Merkel nutzt den Rohstoffvergleich regelmäßig in ihren Reden, allein in den vergangenen Monaten über ein Dutzend Mal.

Und Neelie Kroes, die damalige EU-Kommissarin für die Digitale Agenda, verkündete es bereits 2012: »Data is the new oil.«

Doch wo immer der Vergleich herangezogen wird, in der Regel begnügt man sich mit dem bloßen Schlagwort, das offensichtlich suggestiv genug ist und keiner weiteren Erklärung bedarf. Nirgendwo wird er hinterfragt oder gar weitergedacht. Genau darum soll es hier gehen, um die Frage, ob und inwiefern der Vergleich seine Berechtigung hat und was man aus ihm lernen kann. Fest steht in jedem Fall, dass es sowohl bei Daten also auch beim Öl nicht allein um unsere Wirtschaft geht. Es geht vielmehr auch um ein Freiheitsversprechen. Öl ist seit Jahrzehnten der Garant für unsere Mobilität, in Form von Treibstoff für Autos und Flugzeuge. Auch Plastik basiert wesentlich auf Erdöl, und Plastik ist vielleicht *das* Sinnbild für unsere form- und wandelbare moderne Konsumgesellschaft. Ein ähnliches Freiheitsversprechen geht offensichtlich auch von der Digitalisierung aus, gerade mit den Möglichkeiten des offenen Internets mit dem World Wide Web ab Mitte der neunziger Jahre. Öl und Daten standen und stehen für eine neue Bewegungsfreiheit, für die Überwindung von Grenzen. Wie wir bislang mit dem Auto oder im Flugzeug größte Distanzen zurücklegten, so holen wir uns jetzt mit digitalen Daten die ganze Welt zu uns nach Hause.

Es geht aber nicht nur um ein Versprechen, sondern auch um eine Verantwortung. Beim Öl diskutieren wir die Folgen der Verbrennung des fossilen Rohstoffs für den Klimawandel, den langfristigen Abschied vom Verbrennungsmotor und damit vom Öl. Aber wie sieht der Nachhaltigkeitsgedanke bei Daten aus? Ein solcher muss erst noch entwickelt werden.

Aber ist der Vergleich von Daten und Öl denn wirklich angebracht? Auf den ersten Blick scheint er zu simpel. Die Unterschiede von Daten und Öl sind überdeutlich. Erdöl ist über Millionen Jahre in einem Umwandlungsprozess aus organischen Stoffen entstanden. Als Rohstoff ist er auf der Welt nur begrenzt verfügbar. Und Daten? Nun, in Form von bildlichen und schriftlichen Aufzeichnungen sind sie ebenfalls sehr alt, viele Tausend Jahre. Aber wir reden natürlich von digitalen Daten, die synonym für einen Wandlungsprozess stehen, nämlich die Veränderung unserer Alltagswelt durch die Digitalisierung. Klar ist, Daten sind kein natürlicher Rohstoff, und sie sind nicht begrenzt, sondern werden neu erzeugt, sind endlos reproduzierbar, vervielfachen sich immer schneller und können zeitgleich mehrere Nutzer haben.

Aber natürlich geht es nicht um eine stoffliche Ähnlichkeit, sondern um eine funktionale. Es geht um die Bedeutung, die Daten und Öl jeweils gespielt haben, die sie zurzeit spielen und in Zukunft noch spielen werden. Es geht um die Bedeutung, die beide im Alltag der Menschen und für die Wirtschaft spielen. Es geht darüber hinaus um Machtfragen und Machtstrukturen, die Einfluss nehmen auf jeden Einzelnen, auf ganze Gesellschaften, auf Wirtschaftssysteme, auf die Politik und unsere Demokratie. Und es geht um die Erfahrungen, die wir gesammelt haben, um diese Macht zu kontrollieren, die Veränderungen zu gestalten und positiv zu nutzen.

Geschichte wiederholt sich nicht, wir können aber aus ihr lernen. Viele grundsätzliche Fragen, die uns heute im Zusammenhang mit Daten und Digitalisierung umtreiben, werden schon seit über hundert Jahren im Zusammenhang mit Öl gestellt. Egal ob es um individuelle Sicherheitsbedürfnisse ging beim Einsatz von Petroleum zur Beleuchtung, Jobverlust und soziale Veränderungen durch den Verbrennungsmotor und den massenhaften Individualverkehr oder externe Effekte bei Fragen von Luftverschmutzung und Klimawandel und wie diesen global begegnet werden kann. Die Anliegen, um die es bei Öl ging und bei Daten jetzt geht, sind elementar, tiefgreifend, beeinflussen Machtstrukturen und sind vor allem ein internationales Thema.

Dic Frage, die mich deshalb antreibt, lautet: Was können wir als Gesellschaft aus einem Jahrhundert des Öls für ein Jahrhundert der Daten lernen, und wie muss eine Politik aussehen, die aus den gewonnenen Erkenntnissen jetzt und in Zukunft eine digitale Gesellschaft gestalten will?

Ich wünsche mir einen reflektierten und ehrlicheren Umgang mit diesen Fragen, und ich wünsche mir eine Debatte, die nicht in Hinterzimmern oder Fachgremien stattfindet, sondern mitten in unserer Gesellschaft.

Mehr als siebzig Gespräche und Interviews habe ich für dieses Buch geführt. Mit Menschen wie Joseph Nye, dem früheren stellvertretenden Verteidigungsminister der USA und dann Dekan der Harvard John F. Kennedy School of Government, bei dem ich geduldig auf dem Sofa in seinem Eckbüro saß, während er in einem riesigen Bücherstapel auf seinem Schreibtisch eine Broschüre mit einem seiner Aufsätze suchte. Ich spreche mit ihm über neue Konflikte und außenpolitische Herausforderungen bei Daten und die Lehren aus früheren Konflikten mit Öl. Ein so sachkundiger Geist und kluger Denker, von dem man nicht vermuten sollte, dass er schon achtzig Jahre alt ist.

Oder mit Menschen wie Jürgen Müller, mit dem ich auf dem großen Balkon in einem wenige Wochen zuvor eröffneten Innovationszentrum von SAP saß. Jürgen Müller ist Chief Innovation Officer (CIO) beim viertgrößten Softwarehersteller der Welt, er ist zwei Jahre älter als ich, und zu Beginn unseres Gesprächs genossen wir erst einmal den wunderbaren Ausblick auf den kleinen See und die Wälder rund um Potsdam. Für ihn ist klar: Daten verändern unsere Wirtschaftswelt von Grund auf.

Nicht ganz so malerisch war das Ambiente bei Wirtschaftswissenschaftler Hal Varian, dessen Standardwerke zur Mikroökonomik viele Studenten aus ihren BWL-Grundkursen kennen. Er ist seit einem Jahrzehnt Chefökonom von Google. Er saß in seinem kleinen Büro in Mountain View im Silicon Valley in seiner braunen Cordhose und erklärt mir, dass Daten eigentlich nur ein Nebenprodukt sind.

Größere Zusammenhänge diskutierte ich mit Kate Crawford, der rothaarigen Australierin, die bei Microsoft Research in New York arbeitet und sich mit Fragen der künstlichen Intelligenz beschäftigt. Es ging um die Frage, was Daten eigentlich überhaupt sind. Aber auch darum, welche Menschen man schützen muss, und wie eine funktionierende Regulierung aussieht.

In Palo Alto besuchte ich den Historiker Joel Beinin. In seinem Büro ragten an allen Wänden drei Meter hohe Bücherregale auf. Der knapp Siebzigjährige mit dem markanten Schnauzbart erklärte mir, welchen Einfluss der Ölboom auf die Gesellschaften in der Region des Mittleren und Nahen Ostens hatte und wie der Ölreichtum weniger Menschen ganze Gesellschaftssysteme am Leben erhält und bestimmt.

In Cambridge nahe Boston saß ich in der Küche des Berkman Klein Center for Internet & Society der Harvard-Universität. Das Center platzt aus allen Nähten. Die Juristin Kate Darling ist Fellow am Center, und uns blieb nur die Küche für unser Gespräch. Es ging um Fragen der Robotik, wie sich Menschen gegenüber

Robotern verhalten, welche Rechte Roboter haben sollten. Wir sprachen über Zukunftsfragen: Muss man zum Beispiel Sex mit Robotern regulieren? Fragen, denen wir uns stellen müssen, wenn Roboter in einem halben Jahrhundert vermutlich omnipräsent sein werden, nicht nur als Staubsaugerroboter, sondern auch als Alltagsassistenz.

Es waren sehr unterschiedliche Menschen, mit denen ich gesprochen habe. Mitunter wurden sie mir spontan von anderen Gesprächspartnern empfohlen. Aber wenn man zwei so unterschiedliche Dinge wie digitale Daten und Erdöl miteinander vergleichen will, führt das zwangsläufig zu einem fachübergreifenden Ansatz. Es geht eben nicht nur um die Wirtschaft, sondern auch um Außenpolitik, es geht um das Miteinander von Menschen, den Einfluss auf den Einzelnen und immer wieder darum, wie man aus der Vergangenheit lernt, um die Zukunft zu gestalten.

Es hat etwas Wohltuendes, solche Gespräche von Angesicht zu Angesicht führen zu können. Da bin ich altmodisch. Dafür nehme ich sogar in Kauf, in neun Tagen einmal quer durch die USA zu reisen. Nur wenige Gespräche fanden am Telefon oder per Skype statt.

Ich habe vier Gruppendiskussionen durchgeführt: in der Abgeschiedenheit der Rocky Mountains in Banff, in Kanada; mit Wissenschaftlern und Studenten am Berkman Klein Center in Cambridge; mit Studenten der Martin-Luther-Universität Halle-Wittenberg und mit Besuchern eines Kunst- und Theaterfestivals auf Kampnagel in Hamburg. Mir war es wichtig, sehr verschiedenartige Menschen in die Diskussion mit einzubeziehen, um meine eigene Sichtweise immer wieder zu hinterfragen.

Anfassen, Riechen und Hören

Doch nicht nur die Gespräche sind wichtig, auch das körperliche Erleben. Es geht hier auch um Tempel der Technik, um riesige Maschinen und Fabriken. Denkt man an das Internet in Deutschland, dann denkt man an die Start-ups in Berlin, die Softwarefirmen im Rhein-Main-Gebiet oder die Firmenzentralen internationaler Technologiefirmen in und um München.

Bei Daten und Öl ist jeweils die Infrastruktur entscheidend. Öl braucht seine Transportwege auf dem Wasser und mittels Pipelines. Die Daten brauchen ihre Glasfaserleitungen oder Datenzentren. Darum verschlägt es mich in die ostfriesische Küstenstadt Norden. Dort wo das Internet an Land kommt. Hier befindet sich die relevanteste Verbindung Deutschlands mit dem globalen Internet. Das Internetseekabel

TAT-14 verbindet Deutschland mit den Niederlanden, Dänemark, Frankreich, Großbritannien und vor allem mit der Westküste der USA. Was die ostfriesische Kleinstadt für die Daten ist, ist Wilhelmshaven fürs Öl, das Tor zum globalen Markt. Durch den Ölhafen Wilhelmshaven fließen 20 Prozent des Öls, das in Deutschland verarbeitet und verbraucht wird.

Ist für die Infrastruktur und Verfügbarkeit von Daten und Öl der Norden der Republik entscheidend, geht es für die Verarbeitung Richtung Süden. Nach Ludwigshafen zu BASF, einem der größten Chemieunternehmen der Welt. Chemische Produktion beruht heutzutage wesentlich auf Öl, das in seine unterschiedlichsten Bestandteile zersetzt wird. Aufgrund der Bedeutung von Öl für BASF hat der Konzern eine eigene Tochterfirma für die Erdölerkundung und Förderung, Wintershall in Kassel, und eine internationale Partnerschaft zur Gasförderung.

Ganz so autonom denkt SAP noch nicht, als ich einige Kilometer südlich von Heidelberg das SAP-Rechenzentrum in Sankt Leon-Rot besuche. Hier stehen Tausende Computer, um die eigenen Daten von SAP zu verarbeiten, aber auch die der Kunden. Eine Sicherheitsfestung, mit Personenschleusen, hohen Zäunen, Erdwällen und einem ausgeklügelten Notfallmanagement.

Die Vielschichtigkeit des Vergleichs, der Wunsch, ihn von allen Seiten zu beleuchten, macht es notwendig, diese und viele andere Orte weltweit aufzusuchen. Ich will mir einen Eindruck verschaffen, will die Geräte anfassen, mit den Leuten, die dort arbeiten, sprechen, um hautnah zu erleben, wie Öl und wie Daten verarbeitet werden. Es geht darum, ein Verständnis von Größenordnungen zu erhalten und Zusammenhänge zu entdecken. Und es geht darum, die globale Dimension sichtbar zu machen. Weder Öl noch Daten sind als rein nationales Phänomen zu begreifen.

Die Maschinenorte für die Öl- wie auch für die Datenwelt ähneln sich nicht von ungefähr: große, teure Anlagen, Investitionen von Hunderten Millionen Euros, technische Großanlagen, die sich teilweise gegenseitig bedingen. Kein wichtiges Datenzentrum der Welt kommt heute ohne Dieselgeneratoren für den Notfall aus. Andersherum ist die Ölwelt auf Daten angewiesen, ohne die der globale Handel zusammenbrechen würde. Wo früher in Wilhelmshaven Steuerungsanlagen im Kontrollraum standen, mit großen Schalttafeln und Knöpfen, auf die man drücken musste, stehen heute wenige Computerbildschirme, und die Pipeline kann per Mausklick gesteuert werden.

Die Auswirkung der Digitalisierung auf die globale Ölwirtschaft in ihrer ganzen Tragweite zu analysieren, würde den Rahmen dieses Buches sprengen, doch ein signifikantes Beispiel möchte ich wenigstens nennen. In Berlin-Mitte traf ich mich mit Johnny West. Er ist Mitte fünfzig, hat früher als Journalist im Nahen und Mittleren Osten gearbeitet sowie als Berater für die Vereinten Nationen. Er spricht fließend Französisch und Arabisch. Jetzt hat er seine eigene Firma gegründet: Open Oil. Das Unternehmen trägt öffentlich zugängliche Daten zur Öl-, Gas- und Bergbauwirtschaft zusammen und generiert daraus Analysen, insbesondere Finanzanalysen. Mittlerweile ist ein Informationspool von 3,5 Millionen Dokumenten mit über 100 Millionen Seiten Inhalt entstanden. Kunden sind staatliche Stellen, Entwicklungsorganisationen und NGOs. Das Ziel von Open Oil beschreibt Johnny West so: »Wir wollen die Balance zwischen dem öffentlichen Interesse und privatwirtschaftlichen Nutzen wiederherstellen. Natürliche Ressourcen brauchen eine supranationale Aufsicht, und dafür brauchen wir die Einbindung offener Daten in dieses System.«

Doch es soll hier nicht darum gehen, wie die Digitalisierung eine der finanzstärksten Branchen der Welt umkrempelt. Es soll darum gehen, was wir als Gesellschaft lernen können aus einem Jahrhundert des Öls und wie wir es nutzen können bei der Gestaltung des Jahrhunderts der Daten.

Was kommt Ihnen spontan in den Sinn?

Gewöhnlich frage ich meine Gesprächspartner als Erstes, was ihnen spontan einfällt zu der Aussage »Daten sind das Öl des 21. Jahrhunderts«. Die Antworten lassen sich in drei Gruppen einteilen. In eine Gruppe, die den Vergleich ablehnt, weil er unstimmig ist; eine Gruppe, die ihn für gut und aufschlussreich hält; und eine, die ihn nicht völlig ablehnt, aber ihm mit Skepsis begegnet.

Kate Crawford hat sich sehr ausführlich geäußert: »Öl als Materialität, als ein erdgebundenes Substrat, ist etwas, das wir durch eine Reihe von industriellen Prozessen, Ergänzungen und Subtraktionen nutzen, um eine ganze Reihe von verschiedenen Dienstleistungen und Materialien zu produzieren. Das sind Dinge, die tatsächliche industrielle Fertigungsprozesse sind. Mit Daten ist es ein anderer Prozess. Es geht viel mehr darum, wie können wir uns die Welt anschauen und als Daten rekonstruieren. Wenn ich einen Apfel betrachte, kann ich ihn nicht als Öl rekonstruieren. Aber ich kann mir einen Apfel anschauen und ihn als Datenpunkt betrachten, zum Beispiel als einen von einer Million Äpfeln in einer Logistikkette, wie Äpfel durch die Welt transportiert werden. Ich kann diesen Apfel in ein Datum verwandeln, wie ich will. Ich kann ihn aber nicht in Öl umwandeln.«

Crawford sieht also die Gefahr einer Verengung der Sichtweise, die durch einen solchen Vergleich gegeben ist.

Der Historiker Andreas Rödder von der Uni Mainz sieht es ähnlich: »Ich habe eine habituelle Skepsis, dass man hier zwei Fehler macht, nämlich erstens aus der Erfahrung der Vergangenheit Projektionen der Zukunft abzuleiten und zweitens suggestive Bilder zu verwenden. Beides bringt die Gefahr mit sich, die Perspektive zu verengen, weil man Erwartungen festlegt.« Dieser Gefahr bin ich mir wohl bewusst. Viele Bücher, in denen es um die Geschichte des Erdöls geht, machen den Fehler, dass sie alle großen Ereignisse des 20. Jahrhunderts auf das Öl zurückführen und viele andere Faktoren dabei vollständig ausblenden. Dies müssen wir uns vor Augen halten, wenn wir von Daten reden. Digitale Daten werden das 21. Jahrhundert prägen wie vielleicht kein anderer Faktor, aber nicht jedes Ereignis wird auf sie zurückführbar sein. Es geht also immer auch darum, die Unterschiede zwischen Daten und Öl herauszufinden.

Auf einen wichtigen Unterschied zwischen Daten und Öl hat mich Marcel Dickow aufmerksam gemacht.

Er ist promovierter Molekül- und Umweltphysiker und hat sich danach auf die Außen- und Sicherheitspolitik spezialisiert. Er beschäftigt sich mit den sicherheitspolitischen Fragen der Digitalisierung bei der Stiftung Wissenschaft und Politik (SWP), dem größten und wichtigsten außenpolitischen Thinktank Deutschlands. Dieser sitzt in Charlottenburg, im Herzen Westberlins, nahe dem Kurfürstendamm. »Die Daten des 21. Jahrhunderts sind deutlich besser demokratisiert als das Öl des 20. Jahrhunderts. Viel mehr Menschen nehmen teil daran. Der Datenverbrauch ist ein viel stärkeres Instrument für Demokratie, für Offenheit und Freiheit, zumindest im Moment noch, als der Ölverbrauch es jemals war«, sagt der Sicherheitsexperte.

Die wirtschaftliche Dimension

Wenn man sagt, Daten seien das Öl des 21. Jahrhunderts, geht man öffentlich zunächst einmal von der Bedeutung aus, den beide Faktoren für die Wirtschaft haben. Eine skeptische Sichtweise zur Rolle der Unternehmen in diesem Zusammenhang vertritt der Amerikaner Bruce Schneier. Der Wissenschaftler ist Mitte fünfzig. Er unterrichtet an der Harvard Kennedy School und hat mehrere Bücher zum Thema IT-

Sicherheit und Verschlüsselung geschrieben und gilt weltweit als »IT-Sicherheits-Guru«. Er beschreibt die Rolle von Unternehmen folgendermaßen: »Die Aufgabe von Unternehmen ist es, Geld zu verdienen. Ihre Aufgabe ist es nicht, die Welt besser zu machen. Ihre Aufgabe ist es nicht, den Menschen glücklicher zu machen. Ihre Aufgabe ist es nicht, jedem Einzelnen beim Schutz der Privatsphäre zu helfen. Ihre Aufgabe ist es, Geld zu verdienen, Geld von uns zu nehmen. Wenn sie dabei auch noch positive Ziele erreichen, ist das ein schöner Zufall, aber nicht ihre Aufgabe.«

Dabei findet die Monetarisierung von Daten heutzutage nicht in Form von direkten Geldflüssen statt, sondern durch die Kontrolle und die Monopolisierung der Möglichkeit, steuern zu können, welche Information eine Person gezeigt bekommt und wahrnehmen kann und welche nicht. Daraus resultiert eine Macht, die auf der Kontrolle großer Mengen persönlicher Daten aufbaut. Mit der Monopolisierung des Öls wird je nach politischer Großwetterlage auf Nationen insgesamt Einfluss genommen. Die Kontrolle der Daten hingegen ermöglicht bereits den gezielten Einfluss auf jeden Einzelnen von uns.

»Seven Sisters« war die Bezeichnung für die sieben großen Ölkonzerne, die nach dem Zweiten Weltkrieg den globalen Ölmarkt beherrschten. Es waren Standard Oil Company of New Jersey (heute ExxonMobil), Royal Dutch Shell, Anglo-Persian Oil Company (heute BP), Standard Oil Company of New York (heute ExxonMobil), Standard Oil Company of California (heute Chevron), Gulf Oil (heute größtenteils Chevron) und Texaco (heute Chevron). Relevant sind die vier verbliebenen Unternehmen noch heute, ihr Börsenwert liegt weiterhin bei Hunderten Milliarden Dollar. Doch die Dominanz, die sie bis Anfang der siebziger Jahre hatten, ging verloren infolge zunehmender Verstaatlichungen der Ölförderung in den großen Ölexportländern.

Heute spricht man manchmal wieder von den Seven Sisters, doch dann geht es nicht um Öl, sondern um digitale Daten. Dabei wird das bekannte Fünfer-Team von Amazon, Apple, Facebook, Google und Microsoft ergänzt um IBM sowie alternativ um Tencent, den großen chinesischen Internetkonzern, oder Alibaba, den chinesischen Online-Handelsplatz. Anders als bei den Seven Sisters des Ölzeitalters sind die konkreten Geschäftsmodelle bei den neuen Seven Sisters unterschiedlicher: Manche setzen vor allem auf Endprodukte wie Apple, andere auf Cloud-Dienste, wie Microsoft. Sie entwickeln sich aber alle immer stärker zu Mischkonzernen, die aus ihrem bekannten Bereich ausbrechen und Einfluss auf andere traditionelle Branchen nehmen, um ihre Marktmacht auszubauen. Verbindend ist, dass digitale Daten bei allen Unternehmen eine zentrale Rolle spielen. Sie sind ihr eigentlicher »Rohstoff«, so wie das Öl bei den ursprünglichen Seven Sisters.

Sowohl die alten als auch die neuen Seven Sisters richten sich an den Weltmarkt mit ihren Produkten und Diensten. Dabei steht Öl wie kein anderes Produkt für standardisierte Massenproduktion, egal ob beim Pkw, bei der Bekleidungsindustrie oder bei Plastikmassenwaren. Daten und ihre Auswertung wiederum stehen für passgenaue On-Demand-Produktion, für individuelle Produktion. Die Digitalisierung verändert damit die Konsumgewohnheiten der Massen drastisch. Kleidung lässt sich heute individuell und passgenau anfertigen, Massenware lässt sich individualisieren, bis zum eigenen Namen auf dem Sportschuh.

Die Auswirkungen machen sich aber nicht nur auf der Produktebene bemerkbar. Unternehmen verändern ihr Selbstverständnis: weg vom reinen Hersteller eines Produktes, hin zu einem Anbieter eines Services. Dies betrifft nicht nur die oben genannten multinationalen Daten- und Internetkonzerne, sondern die gesamte Wirtschaft. Deswegen wird hier von »disruptiver Technologie« gesprochen, einer grundlegenden Veränderung, die die Digitalisierung mit sich bringt. Unternehmen wie Microsoft verkaufen nicht mehr nur einmalig eine Softwarelizenz für den Arbeitsplatz, um Dokumente bearbeiten zu können, sondern bieten heutzutage einen Service an. Ein Service zur Erstellung und Bearbeitung eines Dokuments, dessen dezentrale Verwaltung in Datencentern (Cloud) die Verknüpfung und Überarbeitungsmöglichkeit auf allen möglichen Endgeräten zusammenführt.

Diese Veränderung, weg von einzelnen Produkten, hin zu neuen Dienstleistungsangeboten, betrifft nicht nur Daten- und IT-Unternehmen, sondern krempelt vor allem die traditionelle Wirtschaft um, wie Auto- und Maschinenbauer. Ein bekanntes Beispiel ist Daimler. Jan Brecht ist Chief Information Officer (CIO) des Automobilkonzerns. Davor hatte er den gleichen Posten bei Adidas. Er ist verantwortlich für Tausende Mitarbeiter in dem Unternehmen, die zum Thema Daten, Informationstechnologie und neue Services arbeiten. Daimler hat seine Strategie und damit seine Ziele umgestellt, für das gesamte Unternehmen: »Weg vom reinen Hersteller von Premium-Fahrzeugen, hin zum kompletten Mobilitätsanbieter. Dies ist eine Entwicklung, die in vielen Branchen stattfindet, zusätzlich zum reinen Produktangebot hin zu einem Serviceangebot – in unserem Fall Mobilität.«

Daimler ist ein großer Produzent von Nutzfahrzeugen. Deren Auslastung, gerade in der Logistik, ist aber stark verbesserungswürdig. »Das Nutzfahrzeuggeschäft kosteneffizient zu gestalten ist eine Herausforderung für die Unternehmen: Der Zeitraum, in dem ein Lkw voll beladen mit Ware fährt und maximale Gewinne erwirtschaftet, ist oftmals sehr gering verglichen mit der Zeit, in der das Fahrzeug nur halb beladen fährt – oder sogar steht«, beschreibt Brecht die aktuelle Situation. Und an einem solchen Punkt kann die Umwandlung vom Produkt zum Service ansetzen. Daimler verkauft also nicht mehr allein den Lkw mit einem üblichen Wartungsvertrag, sondern es werden Services angeboten, digitale Dienstleistungen, um die Lkws besser auszulasten. Das bedeutet mehr Produktivität für die Spediteure, eine geringere Umweltbelastung durch weniger Verkehr und schnellere Transportwege.

Jürgen Müller von SAP beschreibt diese Veränderung folgendermaßen: »Die Digitalisierung und neue Geschäftsmodelle schaffen positive Anreize. Anbieter stehen heute noch stärker in der Pflicht, gute Qualität zu liefern, da Verbraucher viel einfacher zwischen einzelnen Serviceanbietern wechseln können.«

Welche Folgen diese Wandlung vom Produkt zum Service hat, sieht man in der Landwirtschaft in den USA. Statt für viel Geld einen Traktor zu kaufen, schließt man Mietverträge ab, mit dem Versprechen der Verfügbarkeit des Fahrzeugs für die jeweilig vertraglich festgelegte Nutzung. Damit ist ein Traktorhersteller nicht mehr von einzelnen Verkäufen abhängig, sondern erhält dauerhafte Einnahmen und damit auch Kontrolle. Die Wartung wird zusätzlich bezahlt, und aus der Nutzung kann der Hersteller Informationen erhalten, wie er zukünftig seine Fahrzeuge noch besser machen kann, oder um Zusatzdienste an die Landwirte zu verkaufen. Viele Landwirte fühlen sich dieser Veränderung hilflos ausgesetzt, selbst einfachste Reparaturen können nicht mehr selbst getätigt werden, sondern müssen teuer bezahlt werden. Sie installieren deshalb gehackte Software, um wieder mehr Nutzungshoheit zurückzuerlangen. Dies ist die negative Seite der Wandlung vom Produkt zum Service, insbesondere dort, wo die Marktsituation gerade nicht zu mehr Wettbewerb und freier Wahl des Kunden führt.

Immer mehr Unternehmen nutzen diese neuen Servicemodelle, um größtmögliche Flexibilität zu erhalten. Bisher auf Endgeräte konzentriert, die man für kurze Dauer mietet, wandelt sich das Leistungsspektrum zu kompletten Serviceangeboten. Mit neuer Sensorik entstehen dabei enorme Datenpools, die wiederum für weitere Serviceangebote und Analysen genutzt werden können. Auch im klassischen Endkundenbereich wird dies die Zukunft sein. Ein großer internationaler Autohersteller hat schon in Aussicht gestellt, dass zukünftig Mittelklassefahrzeuge die Funktionen von Oberklassefahrzeugen haben werden, zum Beispiel eingebaute Massagesitze, und man diese Funktion dann stundenweise gegen eine Gebühr hinzubuchen kann.

Der Autobauer Tesla bietet bereits Updates für die Steuerungssoftware seiner Wagen an, mit denen softwarebasiert neue Funktionen freigeschaltet werden. Für die Funktion »Autopilot«, also teilautonomes Fahren, mussten die Inhaber älterer Tesla-Fahrzeuge 2500 Dollar für das Update bezahlen.

Diese Entwicklung vom Produkt zum Service hängt vom generellen technologischen Fortschritt ab, von Digitalisierung, neuer Sensorik und Automatisierung von Produktions- und Nutzungsprozessen. Daten spielen da auf den ersten Blick oft eine untergeordnete Rolle, sie sind nicht der Service an sich, sind aber letztendlich der Aspekt, der alle Schritte miteinander verbindet und nutzbar macht. Würde man diesen Servicegedanken auf den Ölsektor übertragen, hätten die großen Firmen wie Shell und BP nicht nur Benzin oder Diesel an der Tankstelle verkauft, sondern ein vollumfängliches Mobilitätsangebot dort mit angeboten, mit der Möglichkeit, ein Auto, einen Transporter oder einen Lkw bedarfsgerecht vollgetankt zu mieten.

Stattdessen begnügten sich die Firmen mit kleinen Einkaufsläden, zu denen ihre Tankstellen wurden, die aber nur sehr wenig mit dem eigentlichen Produkt Öl zu tun hatten.

Die Wirtschaftsmacht, die durch diese neuen Angebotsmodelle entsteht, ist enorm. Neue Geschäftsmodelle schaffen neue Abhängigkeiten. Es ist auch ein Aspekt der Freiheit, nämlich der wirtschaftlichen Freiheit, die hier infrage gestellt wird. Viele Probleme im Zusammenhang mit digitalen Daten sind bereits lösbar, oder sie stehen, wie der Datenschutz, immerhin im Fokus der Diskussion. Doch andere Probleme kommen erst noch auf uns zu. Der Investor Albert Wenger ist ein Partner bei Union Square Ventures, einer der bekanntesten Risikokapitalfirmen der Welt. Seine Firma investiert in sehr frühen Phasen in Startups, und sie gehen damit deutlich höhere Risiken ein als klassische Investoren, können aber ihre Investition auch sehr schnell sehr stark steigern und mit dem Faktor 30 und mehr wieder verkaufen. Albert Wenger kommt aus Franken, aus Unterasbach bei Nürnberg. In seinem Büro am Broadway in New York, mit direktem Blick auf das Empire State Building, steht stolz sein Apple II, auf dem er Programmieren gelernt hat. Für ihn hat der aktuelle Wandel nur ein Ziel: Macht. »Bis Ende des Zweiten Weltkriegs beruhte Macht auf der Kontrolle über Land, dies wurde durchbrochen und durch die Macht des Kapitals ersetzt. Jetzt sind wir in der Endphase der Macht des Kapitals. In den Strukturen der politischen Macht spielt aber das Kapital weiterhin die entscheidende Rolle im Denken. Sie kommen vom Kapital, sie werden durch das Kapital beeinflusst. Jetzt haben wir diese tollen Datentechnologien, und wir überlegen nicht: ›Wie könnten wir die ganze Musik der Welt allen zur Verfügung stellen? Wie könnten wir die ganze Kunst der Welt allen zur Verfügung stellen? Wie könnten wir Wissen allen zugänglich machen?‹ Nein, wir überlegen: ›Wie können wir Snapchat möglichst wertvoll machen? Wie können wir Facebook wertvoller machen?‹ Wir sind in einer Übergangsphase mit einem alten Denkmodell, einem alten Wirtschaftsmodell. Es geht zukünftig um die Macht der Aufmerksamkeit, und dafür spielen Daten die entscheidende Rolle. Ich bin sehr optimistisch, wo wir langfristig hinkommen können. Ich bin aber sehr pessimistisch, wie wir dorthin kommen.«

Über Macht nachzudenken, das empfiehlt auch Ryan Calo. Er arbeitet an der Universität von Washington in Seattle. Als Jurist beschäftigt er sich mit den Themen künstliche Intelligenz und Robotik. Er stellt eine der zentralen Fragen für das Jahrhundert der Daten: »Was bedeutet es, wenn eine Handvoll bekannter

Unternehmen im Besitz von 90 Prozent der gut nutzbaren und relevanten Daten ist?«

Ähnliche Fragen stellt auch Joe Nye, der wohl bekannteste Außenpolitikexperte der USA, der bereits an den Debatten um die Ölkrisen der siebziger Jahre teilnahm und sich heute auch mit außenpolitischen Fragen zu Daten und Digitalisierung beschäftigt. »Entscheidend ist bei dem Thema Daten und Öl, die Machtstrukturen zu hinterfragen: Welchen Einfluss hatte Öl auf die Machtstrukturen im 20. Jahrhundert? Wie werden Daten und Informationen die Machtstrukturen im 21. Jahrhundert beeinflussen? Gemeinsam haben Daten und Öl die Auswirkungen auf Macht und die Machtverteilung, auch wenn die Ursachen und Auswirkungen sehr unterschiedlich sind.«

Darum wird es in den weiteren Kapiteln dieses Buches gehen: um die Machtstrukturen, die sich aus dem technologischen Fortschritt ergeben, und darum, wie sie sich auf unsere Gesellschaft auswirken, auf unsere Demokratie und auf unsere Freiheit.

2. Geschichte

Schaut man sich die Geschichte des Öls an, gibt es verschiedene Phasen der Verarbeitung – vom Lampenöl zum Treibstoff und weiter zur chemischen Industrie, wo Öl als Ausgangsprodukt für die synthetische Kunststoffherstellung dient. Gibt es solche Phasen der »Verarbeitung« auch bei Daten? Was kommt zum Beispiel nach der maßgeblichen Nutzung von Daten für Online-Werbung?

Sprudelnde Ölquellen und Datenflüsse

150 Jahre Ölzeitalter waren auch 150 Jahre des Überflusses. Sehr selten gab es Phasen der Ölknappheit. Entweder weil neue Ölfelder noch nicht erschlossen waren oder Staaten die Ölproduktion künstlich verknappten, wie während der ersten Ölkrise Anfang der siebziger Jahre. Der Überfluss an Öl steigerte wiederum die Abhängigkeiten und damit auch die Ängste vor einer möglichen Knappheit. Der Überfluss an Öl führte

aber auch dazu, dass die Regulierung sich vornehmlich auf Fragen des Wettbewerbs und Preises konzentrierte, und nicht auf die Folgen des Ölverbrauchs. Ähnlich ist es auch mit Daten. Die Daten sollen aus Sicht der Wirtschaft und vieler Politiker sprudeln, und am besten noch viel mehr sprudeln als ohnehin schon. Eine Knappheit an neuen Daten ist nicht möglich, jeder Mensch produziert täglich Daten, und diese Daten sind unendlich reproduzierbar.

Der Überfluss, der in den Konsumgesellschaften der westlichen Welt herrscht und mittlerweile auch Schwellenländer erreicht, führt zu drastischen Auswirkungen. Der Klimawandel ist vermutlich das drastischste Beispiel, aber nicht das einzige. Plastik führt in unseren Weltmeeren zu riesigen Problemen, Tiere sterben massenweise, Naturräume werden zerstört. Doch betroffen ist nicht nur unserer Umwelt, immer stärker werden auch Menschenrechte eingeschränkt. Die Suche nach immer mehr Öl ging einher mit Vertreibungen, mit Verelendung und Tod. Öl ist ein Machtfaktor, der Einfluss nimmt auf die Außenpolitik und damit auf die Anwendung militärischer Gewalt.

Der Ölpreis beeinflusst die globalen Finanz- und Wirtschaftssysteme. Öl wird wie eine Leitwährung behandelt, ist aber tatsächlich gar keine Währung. Der Ölpreis ist auch im Jahr 2017 noch auf den Nachrichtenseiten prominent aufgeführt, neben dem Wechselkurs von US-Dollar und Euro und den Werten der großen Aktienindizes. Veränderungen des Ölpreises landen auf der Titelseite und beschäftigen die Politik.

Den Status einer Leitwährung haben Daten bislang nicht. Daten haben kein Preisschild. Daten sind zu unterschiedlich, als dass man sie frei auf dem Markt handeln könnte. Zumal Daten einzelner Personen, anders als Öl, nicht in dem Maße handelbar wären, da der Datenschutz jeweils Grenzen setzt, wie mit Daten gearbeitet werden darf. Je nach Land ist es schon heute möglich, Daten zu einzelnen Personen zu verkaufen, um riesige Datenprofile anzulegen, offen gehandelt werden dürfen die Daten aber auch dort nicht.

Trotzdem hört man oft, Daten seien eine Währung, dass man mit Daten bezahlt. Tatsache ist: Wir bezahlen nicht mit unseren Daten, wir tauschen sie ein. Es mag so wirken, dass wir kostenfreie Dienste, wie ein soziales Netzwerk oder einen Mail-Anbieter mit der Einwilligung zur Verarbeitung unserer Daten »bezahlen«, es ist aber vielmehr ein Tauschgeschäft, das da stattfindet. Man tauscht den freien Zugang zu den Online-Angeboten gegen die eigene Aufmerksamkeit für die Zurkenntnisnahme von Werbung. Der Chefökonom von Google, Hal Varian, bezeichnet Daten dabei als Nebenprodukt dieses Prozesses. Im von Werbeanzeigen getriebenen Internet wollen Anbieter des kostenfreien Angebots vor allem unsere Aufmerksamkeit, damit sie bessere und teurere Werbeplätze verkaufen können. Unsere Aufmerksamkeit ist also ein kostbares Gut. Der Investor Albert Wenger hat sich die Frage gestellt: »Was machen wir mit unserer Aufmerksamkeit? Worauf lenken wir sie?« Für ihn ist dies das zentrale Thema seiner Arbeit: »Wie können wir den Menschen bewusst machen, dass die Aufmerksamkeit das Wichtigste ist, was sie überhaupt haben«.

Wenn man von Daten als einer Währung spricht, verkennt man ein wesentliches Element: ihre Individualität. Ein Fass Öl ist überall auf der Welt mehr oder weniger das gleich Fass Öl. Mögen die Ölsorten unterschiedliche Qualitäten und Preise haben, die Nutzung und Verarbeitung ist gleich, ganz egal ob in Brasilien, in der Elfenbeinküste, in Italien oder Vietnam. Diese Einheitlichkeit gibt es bei Daten nicht. Es gibt Tausende Dateienformate, unendlich verschiedene Möglichkeiten, Daten anzuordnen. Und es macht eben einen Unterschied, wo ich bin und wozu ich die Daten nutzen möchte. Um eine Autoversicherung in Berlin zu berechnen, nützen mir Daten aus Sydney nicht viel. Um Online-Werbung in Chile zu optimieren, helfen mir Konsumdaten aus Schweden nichts. Daten und ihr Wert sind immer stark vom Kontext abhängig, und anders als Öl, können Daten zeitgleich mehrfach genutzt werden. Öl ist daher heute wie eine Leitwährung, Daten sind es nicht.

Die große Gemeinsamkeit ist zweifelsohne: Sowohl mit Öl als auch mit Daten werden ungeheure Summen verdient. Das Ölzeitalter brachte Milliardäre hervor. John D. Rockefeller, der Gründer von Standard Oil, mag der bekannteste sein. Er war außerdem der erste Dollar-Milliardär Anfang des 20. Jahrhunderts. Und auch bei Daten denken wir sofort an Unternehmer wie Facebook-Gründer Mark Zuckerberg oder Google-Gründer Larry Page und Sergey Brin, die schon in jungen Jahren Milliardäre wurden.

In einer der erfolgreichsten Fernsehserien der achtziger Jahre, *Dallas*, standen das Öl und der Reichtum, der damit verbunden war, im Mittelpunkt. Heute erleben wir wiederum im Nahen Osten, wie künstliche Städte entstehen, wie Kulturtempel errichtet und sportliche Großereignisse gekauft werden – alles mit dem Geld der staatlichen Ölwirtschaft und der jeweiligen Herrscherfamilien.

Bei Daten gibt es diese kulturelle Ausprägung mittlerweile auch. Es gibt Serien wie *Silicon Valley*, die uns hinter die Kulissen der Internetunternehmen blicken lassen oder dies zumindest vorgeben zu tun. Tatsächlich bedienen viele dieser Fernsehserien vor allem die üblichen Klischees, weltfremde Nerds und alleskönnende Hacker. »Glamour« scheint in dieser Welt, im Gegensatz zur Welt des Öls, keinen Platz zu haben.

Jer Thorp ist Digitalkünstler und Autor. Er hat bereits im Jahr 2012 in einem Artikel in der *Harvard Business Review* als einer der wenigen Kritik an der Gleichsetzung von Daten und Öl geäußert. Als Künstler ist Thorp darauf angewiesen, dass er von Firmen, Stiftungen, Museen oder auch Privatpersonen Aufträge erhält. Statt in einem Atelier sitzt er mit seinen Kollegen von »The Office For Creative Research« im Herzen von Brooklyn in einem netten, etwas chaotischen Büro. Als ich reinkomme, fährt ein kleines Fahrzeug vor meinen Füßen vorbei. Ein Objekt für ein Kunstprojekt steht kurz vor der Fertigstellung. Ich setze mich auf einen der schicken Vintage-Stühle.

Jer Thorp ist von seinem Äußeren ein Hipster-Typ mit halblangen Haaren und Vollbart. Wir sprechen über die Verwendung des Reichtums, der durch Öl und Daten entstanden ist. Viele der Ölmagnaten haben ihr Geld in große Projekte gesteckt, haben Museen wie das J. Paul Getty Museum in Los Angeles gebaut, haben, wie die Rockefellers, Kunstsammlungen zusammengetragen oder sich auf irgendeine andere Weise als Mäzene betätigt. Für Jer Thorp resultiert dieses

Handeln immer aus einem Schuldgefühl heraus: »Man will nicht als Ölbaron in Erinnerung bleiben, sondern als der Mensch, der eine Bücherei oder Museum gebaut hat, die nach ihm benannt ist. Die Ölbarone wollten in die Fußstapfen derjenigen Tycoone treten, die diese großen Kulturinstitutionen im 19. Jahrhundert geschaffen haben. In der Tech-Welt ist das ganz anders, dort haben die Abteilungen für das Firmenimage diese Schuld getilgt. In vielen Tech-Firmen ist das Selbstverständnis, dass das Arbeiten in diesen Firmen schon ein Dienst an der Menschheit ist.«

Jer Thorp berichtet, wie er einmal ein internes Branding-Buch von Facebook erhalten hat. Auf der ersten Seite war ein Bild von einem Mann auf der Berliner Mauer zu sehen, und auf der zweiten der Mann, der sich 1989 vor die Panzer auf dem Tian'anmen-Platz stellte, um diese zu stoppen. Auf der nächsten Seite stand dann: »Facebook wird die Welt verändern«.

»Es ist geschickt, diese Denke in das Unternehmen einzubauen, dann muss man nicht mehr Kultur fördern, um sich gut zu fühlen, sondern man muss nur bei Facebook arbeiten. Denn Facebook ist eine große mutige Firma, so wie der Mann, der sich vor die Panzer stellte. Ich glaube, Mark Zuckerberg denkt tatsächlich, dass er dieser Mann ist, der vor den Panzern steht, so muss er keine Schuld lindern, da er gar keine hat.«

Die philanthropischen Projekte, die angestoßen werden von Zuckerberg, Brin und anderen, um ihren Reichtum zu teilen, sind, so Thorp, sogenannte Moonshot-Projekte, die großen Zukunftsvisionen à la »Wir werden Krebs heilen«. »Das ist ihre Art, ein Museum zu bauen.«

Sprudelnde Ölquellen

Sehen wir uns die neuere Geschichte des Erdöls einmal an. Mitte des 19. Jahrhunderts ging es los. Zunächst in der Nähe von Baku am Kaspischen Meer. Dort gelang 1844 die erste Erschließung einer Ölquelle mittels Bohrung. Die Nachricht gelangte aber erst Jahre später an die Öffentlichkeit. Als Geburtsstunde der Erdölförderung gilt daher der 27. August 1859, als Edwin L. Drake in Titusville, Pennsylvania, Erfolg mit seinen Bohrungen hatte. In den folgenden Jahrzehnten kam es zu einem regelrechten Run. Immer neue Ölgebiete wurden erschlossen, in den USA und später auch in Kanada. Hunderttausende Arbeiter verdingten sich auf den Ölfeldern, in der Hoffnung, hier gutes Geld zu verdienen. Öl wurde zu dieser Zeit vor allem in Petroleum umgewandelt und zur Beleuchtung genutzt. Aber bereits in dieser Zeit entwickelte sich rasch ein globaler Markt, und der Handel der US-Ölfirmen streckte sich Ende des 19. Jahrhunderts bis nach Europa und andere Teile der Welt wie China aus. In der Anfangszeit war die Ölwirtschaft in den USA eine Start-up-Welt. Hunderte von Unternehmen wurden gegründet, versuchten ihr Glück, bohrten, experimentierten mit der Lagerung, bemühten sich, den Transport und die Distributionsmöglichkeiten der Produkte zu verbessern und damit Marktanteile zu gewinnen. Eine Besonderheit für die Situation in den USA ist bis heute von Bedeutung: Das Erdölvorkommen wird nicht vom Staat mitkontrolliert, sondern gehört allein dem jeweiligen Grundbesitzer, auf dessen Land das Öl zutage tritt. So konnten selbst Besitzer kleiner Grundstücke einen enormen Gewinn erwirtschaften. Dafür mussten sie allerdings schnell sein. Sie mussten den Ölzugang schnellstmöglich ausbeuten, wenn sie nicht ins Hintertreffen geraten wollten, da die Konkurrenz einige Hundert Meter weiter das gleiche Ölvorkommen anbohrte. Ein Vorgehen, das wir auch aus dem Datenzeitalter kennen. Es wird versucht, schnellstmögliche Gebiete abzustecken, um Pioniergewinne zu erzielen, egal was es koste und ohne Rücksicht auf etwaige Kollateralschäden.

Die zweite Phase in der Geschichte des Öls wurde durch den Verbrennungsmotor eingeleitet. Der weit über 10 Millionen Mal verkaufte Ford »Modell T« ab 1908 bis Ende der zwanziger Jahre in den USA sorgte für eine bis dahin nicht dagewesene Ölnachfrage. Es entstanden Tankstellen mit Zapfsäulen, das Auto wurde zum Symbol der Moderne und der individuellen Mobilität.

Eine entscheidende Weiche wurde aber auch in Großbritannien gestellt. Der damalige Marineminister und spätere Premierminister Winston Churchill entschied, dass neue Schlachtschiffe nicht mehr mit Kohle, sondern mit Öl betrieben werden. Die Seemacht Großbritannien musste damit fortan entsprechende Ölvorräte weltweit sicherstellen, um die Verteidigung und Versorgung zu gewährleisten. Als schließlich auch das Transportwesen immer mehr auf Verbrennungsmotoren umrüstete, war die globale Abhängigkeit vom Öl quasi total.

Die nächste Phase des Öls setzte ein mit den Fortschritten auf dem Gebiet der Petrochemie. Die moderne Chemie basiert auf Öl, deshalb gehören Erdöl und Chemie zusammen. Davon wollte ich mir selbst einen Eindruck verschaffen, deswegen habe ich BASF in Ludwigshafen besucht und den Chemiepark in Leuna.

Ein sonniger Novembermorgen bringt mich nach Ludwigshafen. Ich bin auf dem Weg zu BASF. Die Abkürzung steht für »Badische Anilin- und Sodafabrik«, denn als solche wurde die Firma 1865 gegründet. Heute ist BASF mit seiner Zentrale in Ludwigshafen einer der größten Chemiekonzerne der Welt. Das Werksgelände zieht sich über zehn Quadratkilometer am Rhein entlang. Es ist ein Verbundstandort, heißt: Die Anlagen sind so miteinander verbunden, dass Rohstoffe und Energie optimal genutzt werden können. Nachteil: Steht eine wesentliche Anlage still, löst dies eine Kettenreaktion aus und viele andere Anlagen stellen ebenfalls den Betrieb ein.

Ich sehe die Dimension des laut eigenen Angaben größten zusammenhängenden Chemieareals schon von der Rheinbrücke aus: qualmende Schornsteine, Häfen, alte und neue Gebäude, große Tanks. Das Ganze wirkt unübersichtlich, obwohl alles auf einem Schachbrettmuster aufbaut, mit Reihen, die mit Buchstaben und Zahlen gekennzeichnet sind. Über 35000 Menschen arbeiten an diesem Standort, von der Verwaltung bis zu Konstruktionsarbeitern, und es gibt zusätzlich viele Arbeiter von Fremdfirmen. Bei der Werksrundfahrt sieht man die riesigen Industrieanlagen aus der Nähe, alte Backsteingebäude neben einem modernen Konferenzzentrum mit Glasfassade. Allein drei Kraftwerke befinden sich auf dem Gelände, um den nötigen Strom und vor allem Dampf zu produzieren, der rund um die Uhr benötigt wird. Rund ein Prozent der deutschen Stromproduktion findet hier auf dem Werksgelände statt, so viel wie ein kleines Atomkraftwerk. Als Chemiekonzern ist BASF wesentlich auf Öl angewiesen. Der Standort Ludwigshafen ist direkt über eine Pipeline mit der Mineralölraffinerie Karlsruhe verbunden. Zum BASF-Konzern gehört auch die Firma Wintershall, die selber Erdölexploration und -förderung betreibt und zudem Kooperationen bei der Erdgasförderung hat. Damit will BASF die eigene Rohstoffsicherung gewährleisten und Unabhängigkeit wahren. Man will den kompletten Produktionsweg kontrollieren. Ähnliche Entwicklungen gibt es auch bei den Internet- und Datenkonzernen, wie wir später sehen werden.

Die Werksbesichtigung in Ludwigshafen zeigt 150 Jahre Firmengeschichte an einem Ort. Es gab Badehäuser, wo sich früher die ganze Familie eines BASF-Beschäftigten waschen konnte. Mittlerweile sind sie modernisiert und werden als Sanitär- und Umkleidemöglichkeit für die Mitarbeiter genutzt. Zudem gibt es eigene Wohnsiedlungen, Sporteinrichtungen oder eine Betriebsfeuerwehr. Wie heute bei den Datenunternehmen, haben schon früher die Unternehmen Angebote der betrieblichen Sozialpolitik bereitgestellt, um Mitarbeiter zu motivieren und zu halten und das Betriebsklima zu verbessern. Geht es heute bei den Datenunternehmen um kostenfreie Yoga-Kurse, Kantinen mit ausgefallener Speisekarte, war dies früher fließend Warmwasser zum Baden oder eine einfache, aber saubere Firmenwohnung.

Eine Woche zuvor bin ich in Sachsen-Anhalt. Die alte Bockwindmühle am Ortseingang von Spergau, die einige Jahre zuvor restauriert und wieder in Betrieb genommen wurde, steht still. Im Hintergrund sind Schornsteine und aufsteigender Wasserdampf zu sehen. Spergau ist das südliche Ende des Chemiestandorts Leuna. Ich fahre an einem langen Zaun entlang, bis ich schließlich an dem alten Gebäude der Hauptverwaltung ankomme. Der Chemiestandort Leuna hat 2016 seinen hundertsten Geburtstag gefeiert. Das Hauptgebäude stammt aus den zwanziger Jahren, kleiner Vorplatz, im Eingangsbereich ein Friseur und ein Blumengeschäft. Leuna ist Chemie und Chemie ist Leuna. Die Stadt und der Chemiebetrieb gehen fast ineinander über. Es gibt keine größeren Grünflächen, die Distanz schaffen würden, keine Sicherheitszone. Anders als in Ludwigshafen ist aber alles eine Nummer kleiner. Die Region Mannheim/Ludwigshafen ist dicht besiedelt, rund um Leuna gibt es noch sehr viel Platz. Bei BASF gehört alles zu einer Firma, in Leuna sitzen Dutzende verschiedene Firmen in dem Chemiepark.

Im Hauptgebäude in Leuna kann man sich leicht verlaufen. Lange Flure, fast vier Meter hohe Decken und breite Treppenhäuser. Ich will hier genauer sehen, welche Rolle Öl für die Chemie spielt und welche historische Verantwortung auch dieser Chemiestandort hat. Entscheidend für die Neugestaltung des Chemieparks nach der Wiedervereinigung war die Zusage des französischen Ölkonzerns Elf Aquitaine, eine neue Erdölraffinerie in Leuna zu bauen, heute ist das Unternehmen bekannt als TOTAL. Durch diese hochsubventionierte Milliardeninvestition, eng verbunden mit dem Thema Bestechung in der Leuna-Affäre, entstand Deutschlands modernste Raffinerie und zugleich auch eine der größten. 12 Millionen Tonnen Rohöl werden hier im Jahr verarbeitet, über 10 Prozent der deutschen Verarbeitung. Die zahlreichen anderen Unternehmen am Standort sind darauf angewiesen, aus den Produkten der Raffinerie eigene Chemieerzeugnisse herzustellen, spezielle Gase oder andere Materialien. Zu Zeiten der DDR gab es bereits eine Raffinerie in Leuna. Der Chemiepark war an vielen Stellen veraltet und marode. Von den 27 000 Mitarbeitern waren allein 11 000 nur mit der Instandhaltung der Anlagen beschäftigt. Manche Anlagen waren noch aus den zwanziger Jahren. Heute kann man dies nur noch erahnen. Hier und da stehen noch alte Gebäude auf dem über 13 Quadratkilometer großen Gelände. Die meisten Anlagen wurden aber abgerissen und neue errichtet. Es wirkt alles aufgeräumter als in Ludwigshafen. Man sieht Dutzende riesige voneinander getrennte Parzellen, wo die einzelnen Firmen ihre Anlagen haben. Rohre verbinden die Anlagen miteinander. Fast der gesamte Betrieb ist abhängig von der Raffinerie, die am südlichen Ende nahe Spergau steht. Wird die Anlage gewartet, was mindestens alle sechs Jahre geschieht, stehen auch viele der anderen Anlagen im Chemiepark für Wochen still. Dieser Stillstand wird genutzt, um dann dort die notwendigen Wartungen und Reinigungen vorzunehmen. Erdöl ist wesentlicher Teil der chemischen Produktion. Aus den chemischen Produkten werden dann anderenorts Flip-Flops, Schutzüberzüge für Lebensmittel oder Kosmetikprodukte hergestellt.

Bei der Fahrt über das Gelände der Raffinerie merkt man nicht, dass hier über 600 Menschen arbeiten. Riesige Anlagen, Dutzende Tanks für Rohöl und verarbeitete Produkte, eine eigene hauptberufliche Werksfeuerwehr. Und trotzdem sieht man nur hier und da einzelne Menschen: Kontraktoren, also Arbeiter von außen, die die Anlagen warten, sowie Mitarbeiter von TOTAL. Öl ist nirgends zu sehen. Man riecht es sogar nur schwach. Am auffälligsten ist der Lärm. Es ist nicht so laut, dass man sich nicht mehr unterhalten kann, aber es ist eine kontinuierliche Lautstärke, die im Hintergrund dröhnt und rattert.

Besucht man ein Datenzentrum, sieht man überall dünne Glasfaserkabel, die scheinbar völlig beliebig irgendwo eingestöpselt sind. Bei einer Raffinerie ist es ähnlich, nur sind die Dimensionen um ein Hundertfaches größer. Hier sind es Rohre und Leitungen, deren Sinn und Zweck und Funktionsweise sich dem Laien nicht ansatzweise erschließen. Was immerhin auch dem Besucher schnell deutlich wird, ist die Bedeutung, die Öl hier immer noch spielt. So wie Erdöl und die darauf basierenden Produkte Grundlage ganzer Wirtschaftskreisläufe sind, so können dies in Zukunft Daten sein, ohne deren Auswertung ganze Industrien nicht weiterarbeiten können.

Aufgrund fehlender relevanter Ölvorkommen war Deutschland schon immer auf Ölimporte angewiesen. Schon früh wurde daher ein synthetisches Benzin in Leuna entwickelt, das sogenannte Leuna-Benzin, in den zwanziger Jahren auch zusammen mit Shell und amerikanischen Unternehmen. Während des Dritten Reichs wurde der Chemiestandort Leuna unter der Führung der I.G. Farben zum Zentrum für synthetisches Benzin. Für die Produktion wurde Kohle verflüssigt. Doch mit dem Zweiten Weltkrieg stieg der Treibstoffbedarf drastisch. Tausende Flugzeuge brauchten Flugbenzin, Hunderttausende Militärfahrzeuge Benzin, Diesel und Schmieröle. Konnten Importe aus Rumänien und Österreich den wachsenden Bedarf nicht decken, wurde vermehrt Benzin synthetisch hergestellt. Im Jahr 1944 wurden an Dutzenden Standorten im Deutschen Reich fast vier Millionen Tonnen synthetisches Benzin hergestellt. Der langfristige Erfolg für diese Methode blieb aus, der Aufwand für die Produktion war enorm, die Verflüssigungsanlagen waren zudem ab Mitte 1944 immer öfter Ziel von alliierten Luftangriffen, und die Nazis konnten zum Kriegsende keine eigenständige Versorgung mit Öl mehr sicherstellen. Das Öl war zu einer kriegsentscheidenden Ressource geworden, sowohl was den Bedarf anging, als auch was die strategische Zugangssicherung zu Ölvorkommen betraf.

Ein neues Kapitel in der Geschichte des Öls wurde in der Konsumgesellschaft der Nachkriegsjahre aufgeschlagen. In dieser Zeit begann die massenhafte Produktion von Kunststoffprodukten. Die Folgen beginnen wir erst heute richtig einzuschätzen, jetzt, wo die Weltmeere zu gigantischen Plastikmülldeponien zu verkommen drohen.

In den sechziger und siebziger Jahren setzte ein Trend ein, der zunehmend zur Verstaatlichung von

Erdölgesellschaften und damit zur Schwächung multinationaler Konzerne führte. Dieser Verstaatlichungsprozess folgte dem Gedanken, dass eine nationale Souveränität über natürliche Ressourcen herrschen muss. So war es 1962 in einer Resolution der UN-Vollversammlung beschlossen worden. Und schon 1960 das Ziel, bei der Gründung der Organisation erdölexportierender Länder (OPEC).

Geschichte der Daten

Wenn man einen Blick auf die Geschichte der digitalen Daten wirft, beginnt man am besten mit der Computerisierung. Erste Schritte der Datenverarbeitung wurden während des Zweiten Weltkriegs gemacht, als mit Computern die Entschlüsselung der deutschen Chiffriermaschine Enigma gelang, was nach Bewertung von Historikern dazu führte, die Dauer der Kriegshandlungen zu verkürzen. Schon immer haben die Menschen Daten gesammelt, jedenfalls seit Erfindung der Schrift, ob nun auf Tontafeln in Keilschrift oder mit Feder und Tinte in ledergebundenen Chroniken. Doch im digitalen Zeitalter erhalten diese Daten eine ganz neue Qualität. Wir haben es mit einem Bedeutungswandel zu tun, der nur mit demjenigen vergleichbar ist, der Mitte des 19. Jahrhundert einsetzte, als man begann, Öl zu Petroleum und dann später zu Treibstoff zu verarbeiten. Die Digitalisierung der Daten brachte seit Ende des 20. Jahrhunderts multinationale Konzerne hervor, ähnlich wie ein Jahrhundert zuvor die Ölförderung. »Daten eröffnen uns ein neues Gebiet menschlicher Erfahrung«, beschreibt der MIT-Informatiker Sandy Pentland diese Wirkungsmacht.

Aktuell werden Daten umfassend genutzt, um darauf basierend Online-Werbung auszuspielen. Dies geschieht zum Beispiel profilbasiert wie bei Facebook, wo der Werbetreibende aus über fünfzig Merkmalen einer Person die genauen Zielgruppen herausarbeiten kann. Oder das Unternehmen lanciert seine eigene Werbung, wie über die Millionen Internetseiten, die angeschlossen sind an das Google-Werbenetzwerk. Der Chefökonom von Google, Hal Varian, beschreibt die Formate so: »Wenn man an Online-Werbung denkt, gibt es Werbung im Rahmen der Suche, wo explizit gesagt wird, welche Inhalte jemanden interessieren. Dann gibt es kontextuelle Werbung, wenn man eine Internetseite zum Thema Angeln aufruft und Anzeigen für Angelzubehör erhält. Und dann gibt es verhaltensorientierte Werbung, wo es keine kontextuellen Anhaltspunkte auf der Internetseite selbst gibt, sondern die Werbung aufgrund der vergangenen

Suchinhalte, der vergangenen Internetseitenaufrufe oder der generellen Interessen ausgespielt wird.«

Es gibt eine lebendige Wirtschaft im Werbeanzeigenmarkt. Viele Start-ups versuchen die Werbung noch zielgenauer zu vermarkten, neue Anhaltspunkte aufzunehmen, um die Datenprofile noch besser zu machen. »Adtech« nennt sich diese Branche, die versucht, immer präzisere Profile zu erstellen, Standortdaten aus Apps mit anderen Daten zu verbinden, Nutzer über verschiedene Geräte hinweg zu identifizieren und auf diese Weise ihren Anteil an dem großen Kuchen der Online-Werbung zu erhalten. Der Online-Werbemarkt macht mittlerweile weltweit über 100 Milliarden Euro Umsatz im Jahr. Online-Werbung ist die Haupteinnahmequelle von Facebook, Google und Co. Dabei wird oft fälschlicherweise gesagt, diese Unternehmen würden die Daten ihrer Nutzer verkaufen. Das stimmt nicht. Es werden keine Nutzerdaten direkt verkauft, es werden vielmehr aus Tausenden Einzeldatenpunkten immer genauere Datenprofile generiert, und die werbenden Unternehmen zahlen dafür, diesen Datenprofilen passgenaue Werbung zu zeigen, da sie glauben, dass tatsächlich der 35-jährige Mann aus München mit einem Jahreseinkommen von 80 000 Euro und einer Vorliebe für Autos hinter diesem Datenprofil steckt, wie es von den Datenunternehmen versprochen wird, und er ein Kaufinteresse für ein neues Auto oder einen neuen Rasierer hat.

Doch der Mehrwert, den eine solche Datennutzung für die Gemeinschaft bringt, ist überschaubar. Auch in diesem Punkt gibt es eine Übereinstimmung mit dem Ölboom Ende des 19. Jahrhunderts. Die Kosten und Risiken der Ölförderung einzugehen, um dann daraus Lampenöl herzustellen, ist aus heutiger Sicht nicht gerechtfertigt. Und so werden wir auch auf Daten schauen. Warum einen riesigen Datensammelapparat aufbauen, der jede digitale Regung, jedes Wischen auf dem Smartphone-Display, jedes Scrollen mit der Computermaus und jedes gesehene Katzenbild speichert und zu gigantischen Datenprofilen zusammenführt? All das für ein besseres Personenprofil und eine gezieltere Präsentation von Werbung?

Die Möglichkeiten von Daten werden längst nicht voll ausgeschöpft. Der Gewinn für die Gesellschaft ist bisher minimal. Entscheidender wird sein, dass der technologische Fortschritt weitergehen wird und die Monetarisierung von Daten nicht mehr vornehmlich durch Werbung stattfinden wird.

Die Geschichte des Öls hat gezeigt, wie seine Bedeutung ständig wuchs. Öl – in seinen unterschiedlichen Verarbeitungen – drang in immer weitere Bereiche unseres Lebens vor, die Abhängigkeit vom Öl ist praktisch total geworden. Daten werden eine ähnliche Entwicklung durchmachen. Die Art der »Verarbeitung« wird sich wandeln und damit ihre Bedeutungen.

Die erste Phase in der Geschichte des Öls ging zu Ende, als Öl nicht länger vorherrschend als Petroleum Verwendung fand. In der Geschichte der Daten befinden wir uns ebenfalls am Ende einer solchen ersten Phase. In dieser Phase wurden die Daten vor allem für Online-Werbung, Online-Handel und einfache Verhaltensanalysen verwendet. Wir stehen an der Schwelle zur zweiten Phase, wo Daten viel stärker unseren Alltag bestimmen werden: durch Assistenzsysteme, durch allgegenwärtige Sensorik, durch Biotechnologie und zunehmendes Verschmelzen von Mensch und Technik. Heute erkennt man die Datenverarbeitung noch: Man sieht einen Bildschirm, eine Tastatur oder ahnt dies aus der Vernetzung des Geräts. In dieser zweiten Phase, wo Sensoren allgegenwärtig sind, in Lampen, Stühlen oder Teppichen, ahnt man nicht einmal mehr, dass hier Daten entstehen und verarbeitet werden. Es ist wie beim Öl, wo Öl nicht mehr sichtbar ist, da es als Bestandteil einer Plastiktüte nicht erkennbar ist.

Calgary, Juni 2016

Will man einen Eindruck davon bekommen, wie die Datenindustrie der Ölindustrie allmählich den Rang abläuft, muss man den »Petroleum Club« in Calgary besuchen.

Dunkles Holz an den Wänden, schwere Teppiche auf dem Boden. Das Ambiente hat den Charme der achtziger Jahre. Es ist ein privater Club. »Members Only«, so steht es am Eingang auf einem großen silbernen Schild. Über tausend Mitglieder haben Zutritt, ihre Gäste natürlich auch. Calgary ist die Hauptstadt des Öls in Kanada. Alle großen Ölfirmen sind hier vertreten, BP, Shell, Imperial, ExxonMobil.

Ich erhalte eine kleine Führung durch den Club. Es wird gerade umdekoriert, Strohballen und Wagenräder aufgebaut. Es ist nur noch eine Woche bis zur Calgary Stampede, einem Mix aus Rodeo, Jahrmarkt und Landwirtschaftsschau. Ein Highlight in der Millionenstadt. Der »Petroleum Club« wurde 1949 gegründet, der zweite große Ölboom hat gerade in der Region begonnen. Die Stadt wuchs, und die Männer aus dem Ölgeschäft haben ihren Club eröffnet, um dort Geschäfte zu machen. Nach einigen Jahren durften im Übrigen auch Frauen Mitglied werden.

Die Räume sind nach Ölfördergebieten benannt. Riesige Wandgemälde zeigen Bohrtürme, Ölarbeiter und die einzelnen Stationen der Ölverarbeitung. Man ist sehr stolz in Calgary auf seine Ölwirtschaft. Aber der Petroleum Club hat sich auch für andere Berufsgruppen geöffnet. Das hat dazu geführt, dass heute neue Mitglieder aus der Daten- und IT-Wirtschaft kommen, nicht mehr aus dem Ölgeschäft.

Nicht nur im »Petroleum Club« mischen sich die Bereiche Ölwirtschaft und Datenwirtschaft so deutlich. Zwei Straßenblocks weiter befindet sich der Sitz von COSIA – Canadian's Oil Sand Innovation Alliance. Neben den großen Ölkonzernen, die das Projekt finanzieren, sind auch branchenfremde Firmen dabei, zum Beispiel IBM. Daten sind auch hier ein Thema. Die Ölsandförderung erbringt jeden Tag Hunderttausende Barrel Öl, doch die Förderung verliert an Attraktivität. Neue Gebiete werden nicht erschlossen, denn der niedrige Ölpreis deckt kaum die Kosten dieser aufwendigen Förderung. Man ist daher ständig auf der Suche nach neuen Lösungen, um die Produktion günstiger zu machen. COSIAs Ansatz ist, unterschiedliche Unternehmen zusammenzubringen, um gemeinsam Wissen und Technologie auszutauschen, und zwar kostenfrei. So profitiert jeder vom Wissen des anderen. Die Alliance umfasst Dutzende Mitglieder.

Wieso die Förderung so mühsam ist, bekomme ich bei Shell erklärt. Ich befinde mich weit oben im 33 Stockwerke hohen Shell Centre. Der Blick reicht weit über die Stadt. Ein Mitarbeiter erklärt mir die Arbeit des Konzerns, die Maßnahmen zum Umweltschutz zum Beispiel, und wie die Förderung genau stattfindet. Die Lkws die in den Förderanlagen stehen, sind so groß wie ein Einfamilienhaus. Sie fassen 200 Tonnen von der feuchten Erde, aus denen dann das Öl herausgespült wird. Zwei bis vier Tonnen Ölsand werden benötigt, um ein Barrel Öl, also 159 Liter, zu erhalten. Es sind die größten Bagger und größten Lkws der Welt, die dort im Nirgendwo von Kanada im Einsatz sind. Die Ölförderung findet längst nicht mehr in der Umgebung von Calgary statt, wie noch Mitte des 20. Jahrhunderts, als das Öl mit Bohrtürmen gefördert wurde. Die Ölsandgebiete liegen rund 90 Flugminuten oder 700 Kilometer nördlich der Millionenstadt. Fort McMurray ist ihr Mittelpunkt und damit die heimliche Ölstadt Kanadas. Rund um sie herum befinden sich die großen Fördergebiete, die von den Ölfirmen Suncor, Imperial, Shell und Co. betrieben werden. Leider kann ich die Förderanlagen nicht besichtigen. Kurz vor meinem Besuch hatte ein verheerender Waldbrand in und um Fort McMurray gewütet. Hunderte Häuser waren niedergebrannt. Die ganze Stadt mit ihren 80 000 Einwohnern wurde evakuiert. Erst Wochen später durften die Menschen wieder zurück.

Daten und Digitalisierung werden nicht nur wichtiger für die Ölwirtschaft, sie übertrumpfen sie zunehmend, was ihre Bedeutung für die globale Wirtschaft angeht, selbst in Ölregionen wie Calgary, wenn die Neumitglieder beim »Petroleum Club« vor allem mit Daten statt mit Öl arbeiten.

3. Freiheit

Die jüngere Geschichte des Erdöls und die aktuelle Entwicklung der Digitalisierung haben erkennbare Parallelen. Ich habe auf die Phasen des technischen Fortschritts und die Veränderung der Nutzung hingewiesen sowie auf die Bedeutung, die sowohl Öl als auch Daten global gewonnen haben. Bereits angedeutet habe ich, dass das Öl sowie Daten ebenfalls entscheidenden Einfluss auf den Einzelnen haben. Bei beiden geht es um ein Freiheitsversprechen, und bei beiden entsteht jene paradoxe Ambivalenz von Freiheit und Unfreiheit, die wir überall beobachten. Wir sollten uns also einmal genauer ansehen, wie dieser Vorgang beim Öl verlief, in der Hoffnung, daraus für unseren Umgang mit der Digitalisierung lernen zu können.

Freiheitsversprechen

Die Industrie setzte Milliarden Dollar an Werbeetats ein, um Öl mit dem Begriff der Freiheit zu verbinden.

Es fing an mit der Massenmotorisierung in den zwanziger Jahren. Öl als Treibstoff versprach praktisch grenzenlose Mobilität. Es entstand eine Infrastruktur mit Tankstellen, die den Anspruch hatten, gleichsam Treffpunkte einer Stadt zu sein. Man legte Wert auf schöne Architektur und guten Service. Die Tankstelle sollte ein Ort sein, wo man sich gern aufhält. Insbesondere in den fünfziger und sechziger Jahren setzten die Ölfirmen auf das Image der freiheitsstiftenden Kraft ihrer Marken. Der Historiker Rüdiger Graf hat sich mit diesem Thema beschäftigt. Graf leitet eine Abteilung am Zentrum für Zeithistorische Forschung in Potsdam, einem Institut der Leibniz-Gemeinschaft und ist einer der wenigen Experten in Deutschland zur Geschichte des Öls.

»Die Werbestrategien der Ölfirmen in den fünfziger oder sechziger Jahren setzen ganz stark auf das Thema Freiheit«, sagt Graf. Der Ausbau der amerikanischen Ölwirtschaft vollzieht sich nach dem Zweiten Weltkrieg im Zeichen des Kalten Krieges. »Da ist die zentrale Opposition zwischen der freien Welt und der kommunistischen Welt. Die Firmen legitimieren ihr Handeln damit, dass sie einen Beitrag zur Sicherung der freien Welt leisten.«

Der Freiheitsgedanke von Öl beinhaltet in dieser Zeit nicht nur die Mobilität, sondern die ganze Konsumgesellschaft. Man sieht Anzeigen der Ölfirmen, die ein schier grenzenloses Angebot an Alltagsprodukten preisen, in denen Öl ein zentraler Bestandteil ist. Öl ist Teil des American Way of Life, überdimensional große Autos, eine plastiklastige Konsumwelt und das Versprechen von Freiheit durch Unabhängigkeit. Man sieht glückliche Hausfrauen in perfekten, modernen Küchen. Daneben sieht man Bilder aus alten Zeiten, ohne die neuen Konsumprodukte – sie sind karg eingerichtet, wirken spartanisch. Dieses Bild von einem Leben in Luxus und Bequemlichkeit, das durch Öl gewährleistet wird, erleidet in den siebziger Jahren Brüche. Durch die Ölkrisen gerät das Sicherheitsgefühl ins Wanken. Die Menschen haben Sorge, dass die Abhängigkeit von fremdem Öl sich direkt auf ihr Leben und damit auf ihre Freiheit auswirkt. Außer Preissteigerungen sind die tatsächlichen Effekte der Ölkrisen überschaubar, aber der Schaden für die Wahrnehmung von Öl ist groß. Die siebziger Jahre sind das Jahrzehnt der Brüche, sowohl für die Ölwirtschaft als auch im Hinblick auf den technologischen Fortschritt bei Daten und Digitalisierung.

Ähnlich wie beim Öl ging und geht auch mit der Digitalisierung, vor allem mit dem Internet, ein Freiheitsversprechen einher. Freier Informationszugang für alle, Wissensaustausch über alle Ländergrenzen hinweg – es ging und geht dabei auch immer um demokratische Werte. Auch wenn die Betonung der freiheitsstiftenden Kraft des Internets für die Demokratiebewegung im Frühjahr 2011 öffentlich überstrapaziert wurde.

Menschenrechtsfragen spielen auch beim Öl eine große Rolle, wenn multinationale Konzerne in Ländern agieren, in denen demokratische Werte wenig zählen. Schaut man sich die Landkarte an mit den großen ölexportierenden Ländern und gleichzeitig eine Karte, auf der die Regierungsführung von Staaten bewertet wird, wird sofort deutlich: Große Ölvorkommen liegen oft in Ländern, die für »schlechte Regierungsführung« *(bad governance)* und Menschenrechtsverletzungen bekannt sind. Man denke an Venezuela, Saudi-Arabien, Angola oder auch Nigeria.

In Brüssel treffe ich mich mit Bennett Freeman. Er war im US-Außenministerium als stellvertretender Staatssekretär für Demokratie, Menschenrechte und Arbeit tätig und beschäftigt sich jetzt seit über fünfzehn Jahren mit Fragen der Menschenrechte und Unternehmensverantwortung in der Rohstoff- und Digitalwirtschaft. Er erklärt mir, wie die Ölwirtschaft zunehmend in die Kritik geraten ist aufgrund der negativen Einflüsse von Öl für die Umwelt, im Zusammenhang mit Menschenrechtsverletzungen und wachsender Korruption bei staatlichen Stellen.

Doch zunächst dominierten die Stimmen der Umweltschützer. Immer wieder kam es zu massiven Protesten, etwa bei der Havarie der *Exxon Valdez* vor Alaska. Aber als Wendepunkt sieht Freeman das Jahr 1995, wo die direkte Unternehmensverantwortung der Ölkonzerne auf die Tagesordnung der öffentlichen Diskussion kommt.

»Es waren zwei Ereignisse, beide betrafen Shell. Es ging um *Brent Spar* in der Nordsee und um Ken Saro-Wiwa und das Volk der Ogoni in Nigeria«, so Freemann.

Bei *Brent Spar* handelte es sich um einen schwimmenden Öltank für 50000 Tonnen Öl, der in der Nordsee versenkt werden sollte. Greenpeace besetzte damals den Öltank und forderte eine Entsorgung an Land. Man äußerte die Sorge, dass zukünftig immer mehr Schrott der Ölindustrie im Meer versenkt werden würde. Der Protest sorgte international für großes Aufsehen. Die Umsätze von Shell in Deutschland brachen ein. Nach Wochen der Auseinandersetzung lenkte Shell ein und sagte die Landentsorgung zu. Es wurden internationale Arbeitsgruppen gebildet, um sich der Thematik anzunehmen und Konzepte für die Zukunft zu entwickeln.

Ken Saro-Wiwa war ein nigerianischer Schriftsteller und Bürgerrechtler, der sich für das Volk der Ogoni im Nigerdelta einsetzte, deren Lebensgrundlage bedroht war durch Vertreibung und die Umweltzerstörung, verursacht durch die Ölförderung von Shell. In einem Schauprozess wurde er mit acht Mitstreitern zum Tode verurteilt und öffentlich gehängt. Jahre später einigte Shell sich mit den Angehörigen auf einen Vergleich und zahlte über 15 Millionen US-Dollar an sie, um nicht vor einem US-Gericht wegen Menschenrechtsverletzungen angeklagt zu werden. Shell ist führend bei der Ölförderung in Nigeria. Mit dem Fall Saro-Wiwa wurden viele weitere Vorwürfe laut, immer ging es um Menschenrechtsverletzungen, Verstöße gegen Umweltschutz und Korruption. Doch von dem Zeitpunkt an war der Aspekt der sozialen Verantwortung von Unternehmen *(corporate social responsibility)* nicht mehr wegzudenken aus der Firmenpolitik. Es entstanden neue Strukturen in den Unternehmen selber, aber auch in ihrem Umfeld. Beratungsfirmen traten auf, zivilgesellschaftliche Netzwerke entstanden, eine große Öffentlichkeit war sensibilisiert für dieses Thema. Die Unternehmensverantwortung wurde immer stärker Bestandteil von Investitionsentscheidungen, gerade von größeren Fonds, die ihre Investitionen auch anhand von Kriterien der Umwelt- oder Menschenrechtsfragen treffen. Fonds richten sich danach aus, und NGOs nutzen den Hebel »Verantwortungsbewusstsein«, um andere institutionelle Anleger, wie Staatsfonds, dazu zu bewegen, solche Kriterien ebenfalls zu übernehmen. Das Thema wird auf Aktionärsversammlungen angesprochen, und es werden Protestkampagnen initiiert mit dem Ziel, über Investitions- und Anlageentscheidungen schlechte Unternehmensentscheidungen abzuwenden.

Einen ähnlichen Ansatz möchte Rebecca MacKinnon auch für die Daten- und Telekommunikationswirtschaft durchsetzen. Wir treffen uns in Banff in Kanada. Es gibt vielleicht keinen schöneren Ort für ein Interview als diese Kleinstadt in den Bergen der Provinz Alberta. Ich kenne Rebecca seit mehreren Jahren. Sie hat die Organisation »Global Voices« gegründet, ein internationales Netzwerk von Bloggern und Journalisten, die für Meinungs- und Pressefreiheit eintreten. Sie hat selber jahrelang für den Nachrichtensender CNN gearbeitet, unter anderem in China. Wir sind beide für eine Konferenz vor Ort, sie hält einen Vortrag und ich veranstalte einen Workshop mit Teilnehmern aus der ganzen Welt.

Rebecca hat vor einigen Jahren das Projekt »Ranking Digital Rights« gestartet. Sie erarbeitet mit ihren Mitarbeitern einen Index, um Menschenrechtsaspekte von Internet- und Datenunternehmen zu bewerten.

»Ich habe mich entschieden, das Projekt ›Ranking

Digital Rights‹ zu starten, da dieser Ansatz mit Ranglisten aus meiner Sicht einen Einfluss hat, denn die Unternehmen achten darauf. Ähnliche Projekte gibt es bereits zum Thema Nachhaltigkeit, und die Investoren fragen dann bei den Firmenchefs nach und achten sehr genau auf die Ergebnisse. Immer mehr Investoren orientieren sich an solchen Ranglisten.«

Im »Ranking Digital Rights«-Index spielen Faktoren wie die Zusammenarbeit mit staatlichen Stellen, die Transparenz gegenüber Kunden oder interne Kontrollstrukturen in den Unternehmen selbst eine Rolle. Im Index von 2017 sind zweiundzwanzig Unternehmen abgebildet, sieben aus den USA, fünf aus Europa, davon kein deutsches, ein Unternehmen aus Südafrika und die restlichen aus Asien. Der Index entwickelt sich langsam, an der Methodik wird noch gearbeitet. Er zeigt aber schon jetzt, welche Rolle in den beiden untersuchten Branchen – Telekommunikation und Internet – das Thema Menschenrechte spielt. Zukünftig sollen zahlreiche Investoren und auch große Investmentfonds sich an dem Index orientieren, Verbesserungen für Menschenrechte erwirken, durch den Druck der Investoren auf die Unternehmen ihr Handeln ändern. Bei der Ölwirtschaft und letztendlich allen großen Unternehmen aus dem Bereich Rohstoffe haben diese Indizes, die sich auf Umwelt-, Sozial- oder

Menschenrechtsaspekte konzentrieren, einen wichtigen Einfluss und sorgen für den überfälligen, wenn auch manchmal langsamen Wandel. Dies ist Teil der größeren Forderung nach mehr Transparenz in unserer Welt. Rebecca MacKinnon: »Es gibt Parallelen zwischen der Bewegung, die mehr Transparenz in der Zusammenarbeit zwischen der Ölwirtschaft und Staaten fördern will, und denjenigen, die sich für größere Transparenz in der Zusammenarbeit zwischen Daten- und Internetwirtschaft mit Staaten in Bezug auf die Speicherung, Nutzung und Weitergabe von Nutzerdaten einsetzen.«

Eine Zäsur, wie sie die Ölindustrie 1995 erlebte, haben wir bei der Datenwirtschaft noch nicht. Die Enthüllungen durch Edward Snowden haben eine weltweite Diskussion ausgelöst, aber bei vielen Unternehmen nicht zur Verhaltensänderung geführt. Es gab auch schon vorher prominente Vorfälle, wie dem von Shi Tao, einem chinesischen Journalisten, über den Yahoo 2005 entscheidende Informationen auf Anfrage der chinesischen Behörden weitergab, die zu einer mehrjährigen Haftstrafe führten. Doch dies sind Einzelfälle, die öffentlich werden. Und das, obwohl die Menschenrechtsaspekte in unserer zunehmend digitalisierten Welt immer offensichtlicher werden. Nicht nur die »Verdatung« unseres Alltags und die ökonomische Auswertung unserer Daten, sondern auch die Zusammenarbeit dieser Unternehmen mit staatlichen Stellen wie Geheimdiensten stellt heute ein wachsendes Problem dar. Uns fehlen aktuell die kulturellen Sicherheitsplanken, die einen immer weitreichenderen Entrechtungsprozess stoppen. Ölförderung und andere Abbauarten natürlicher Rohstoffe kannte Anfang des 20. Jahrhunderts praktisch keinerlei Regulation. Es ging um Wohlstand und Fortschritt, da spielten Fragen von Menschenrechten oder Umweltfragen keine Rolle. Etwas Ähnliches erleben wir heute in Bezug auf die Verdatung und Digitalisierung. Ein Umdenken findet immerhin langsam statt, gerade auch bei den Menschen, die diesen technologischen Fortschritt mit ihren neuen Diensten, Programmen und Systemen voranbringen. Die Gefahr ist jedenfalls erkannt. Jer Thorp spricht in diesem Zusammenhang von »perfekten Maschinen zur Diskriminierung«, die entwickelt werden. »Lange Zeit fühlte sich diese Gruppe vornehmlich weißer Männer, die diesen Fortschritt vorangebracht hat, sehr sicher. Jetzt werden die Risiken realer. Die Gefahr rückt näher an ihr eigenes Leben heran.«

Im Zuge etwa des sogenannten »Muslim Ban« der neuen US-Regierung, also dem Einreiseverbot für Menschen aus einzelnen Ländern, die vornehmlich islamisch geprägt sind, haben viele Menschen aus der

Daten- und Technologiewirtschaft bekundet, dass sie nicht bereit sind, an bestimmten Projekten weiter mitzuarbeiten, da sie sehen, wie diese Form von Selektion um sich greifen und in Zukunft auch sie selber treffen könnte. Es ist heutzutage einfach, aufgrund von Essgewohnheiten, die in sozialen Netzwerken geteilt werden, Rückschlüsse auf religiöse Überzeugungen zu ziehen oder aufgrund der Aufrufe von Internetseiten die politische Haltung zu identifizieren. Nicht von ungefähr werden mittlerweile als freiwillige Angabe bei einem Einreiseantrag für die USA, den auch Europäer stellen müssen, die Kontonamen in sozialen Netzwerken abgefragt. Damit ist die Selektion per Mausklick möglich, egal ob es um Religion, Politik oder sexuelle Orientierung geht.

Es gibt deshalb in verschiedenen Großstädten der USA Treffen unter dem Schlagwort »Tech Solidarity«, um eine Gegenbewegung zu Donald Trump und seiner Politik zu organisieren. Es sind nicht zuletzt Leute aus der Tech-Welt, die hier aktiv werden. Entwickler, die in unterschiedlichsten Unternehmen arbeiten, sie kommen zusammen, um gesellschaftliche und politische Fragen zu diskutieren, die im Zusammenhang mit ihrer eigenen Arbeit stehen. Dabei geht es auch um Aspekte wie Kooperation mit Geheimdiensten, wie sie aus den Unterlagen von Edward Snowden ersichtlich wurden.

Daten- und Internetunternehmen sehen sich aktuell mit einer Kritik konfrontiert, wie sie die Ölwirtschaft in der zweiten Hälfte des 20. Jahrhunderts erlebt hat. Es geht um die kritische Hinterfragung des unternehmerischen Handelns und die Zuschreibung von Verantwortung. Diese Diskussion findet in der Öffentlichkeit statt, aber eben auch in den Unternehmen selbst. Themen sind etwa »Hasskommentare« oder »Fake News«. Diese Probleme sind nicht grundsätzlich neu, Propaganda und Hetze gab es immer in der Geschichte der Menschheit. Das Neue ist allerding die Geschwindigkeit, mit der sich reißerische und falsche »Meldungen« verbreiten, und die Reichweite, die sie erzielen, und zwar global. Einzelpersonen, Organisationen und Unternehmen nutzen die fehlende Medienkompetenz der Bürger zur kritischen Einordnung von Inhalten aus, um politische Debatten zu beeinflussen oder um ihre finanziellen Absichten zu erreichen, indem durch die erhöhte Aufmerksamkeit mehr Werbeeinnahmen zu erhalten sind.

Datenschutz gleich Freiheitsschutz?

Meine Arbeit in den vergangenen zehn Jahren hat sich stark um Fragen des Datenschutzes gedreht: Welche

Verantwortung haben staatliche Institutionen, welche haben Unternehmen beim Umgang mit unseren Daten? Und ist es in Ordnung, dass es ein enges Zusammenspiel von staatlichen Stellen und Unternehmen beim Datenaustausch, wie zum Beispiel bei der Vorratsdatenspeicherung im Telekommunikationsbereich, gibt?

Marcel Dickow von der Stiftung Wissenschaft und Politik ist sich sicher: »Sind Daten erst einmal erschaffen, dann kann man sie nur sehr schwer kontrollieren. Es ist wie beim Öl. Wenn man das Öl gefördert hat, dann wird es auch verarbeitet und am Ende benutzt. Den amerikanischen Ansatz, dass die Daten erst einmal da sind und das tut keinem weh, ist ein Irrglaube. Denn nicht erst wenn man sie in irgendeiner Weise verarbeitet hat, und dazu zählt das Sammeln im amerikanischen Weltbild ausdrücklich nicht, muss man sich weitergehende Gedanken machen. Daten werden immer benutzt, wenn sie erhoben wurden.«

Auch Bruce Schneier sieht die Entwicklung kritisch, besonders was die immer umfassendere Datenspeicherung angeht. »Die Unternehmen schmeißen keine Daten weg, weil sie ja Daten wegwerfen könnten, die sie vielleicht in fünf Jahren nutzen könnten, auch wenn sie gerade nicht einmal wissen, wofür sie diese Daten überhaupt gebrauchen könnten.«

Damit entstehen aber auch neue Fragen der Sicherheit dieser Daten. Sandy Pentland beschreibt dies so: »Im ersten Rausch digitaler Technologien spielte Datenschutz keine relevante Rolle, die Sicherheit der Daten auch nicht. Dabei ist gerade die fehlende IT-Sicherheit aktuell eine wachsende Gefahr, derzeit sogar noch wichtiger als der Datenschutz.«

Fragen der sozialen Gerechtigkeit spielen hier hinein. Können sich bald nur noch Menschen Datenschutz und Sicherheit leisten, die ein hohes Einkommen haben oder bereit sind, den Aufpreis zu zahlen? Chris Soghoian hat sich mit dem Thema beschäftigt. Er hat für die große US-Bürgerrechtsorganisation American Civil Liberties Union (ACLU) gearbeitet und forscht seit langem zum Thema Überwachung. »Die Menschen, die sich ein iPhone leisten können, bekommen standardmäßig Datenschutz, bekommen standardmäßig Sicherheit und damit auch Kontrolle über ihre Daten, die Menschen, die sich dies nicht leisten können, erhalten keinen standardmäßigen Schutz ihrer Privatsphäre.« Apple bemüht sich gerade gezielt um das Thema Datenschutz und Sicherheit und verbessert dahingehend seine Geräte. Das Unternehmen wirbt sogar aktiv um bisherige Nutzer von Smartphones mit dem von Google entwickelten Android-Betriebssystem und stellt Datenschutz als Unterscheidungsmerkmal heraus. Um die 700 Euro und mehr muss man für ein aktuelles iPhone bezahlen. Datenschutz wird damit zum Wettbewerbskriterium.

Die soziale Dimension dieser Frage ist damit aber noch nicht erfasst. Vielmehr müssen wir fragen, welchen Schutzauftrag ein Staat gegenüber seinen Bürgern hat, und muss man wirklich Hunderte Euro mehr bezahlen, um bei einem vergleichbaren Endgerät weniger automatischen Datenabfluss zu haben und eine voreingestellte Verschlüsselung aller Inhalte? Datenschutz sollte allen Menschen zustehen und nicht ein Bonusaspekt sein, für den man zusätzlich bezahlt. Anders sieht es unter Umständen bei der Sicherheit aus. Viele Produkte, wie Fernseher, Lautsprecher, Waschmaschinen, sind heute vernetzt und stellen damit potenziell ein Risiko in Bezug auf die IT-Sicherheit dar. Was wir beim Betriebssystem Windows seit langem haben, gibt es neuerdings auch immer öfter bei unserem Smartphone, nämlich regelmäßige Sicherheitsupdates. Bei vielen anderen IT-Produkten sind diese aber unbekannt. Wir kaufen ein netztaugliches Gerät mit vielen wunderbaren Funktionen und nutzen es. Ein Sicherheitsupdate erhalten die Geräte in der Regel nicht mehr. Es sind Geräte wie der smarte Fernseher mit eingebauter Kamera und Mikrofon, die als ein perfektes Überwachungsinstrument dienen können. Die

Geräte entsprechen schon bald nicht mehr dem Stand der IT-Sicherheit, Schwachstellen werden nicht behoben und machen die Geräte damit angreifbar. Oder vernetztes Spielzeug wie die »Hello Barbie« – eine Barbie-Puppe, die mittels WLAN mit dem Internet verbunden ist und mit der sich das Kind unterhalten kann. Was das Kind sagt, wird dabei aufgezeichnet und auf dem Server des Unternehmens gespeichert und ausgewertet, damit die Puppe ihrerseits auf das Kind reagieren kann. Damit die Eltern erfahren, was das Kind der Puppe anvertraut, verschickt das Unternehmen in regelmäßigen Abständen per E-Mail Links zu den Audiodateien. Eine perfekte Wanze im Kinderzimmer.

Staatliche Aufsichtsbehörden und die Öffentlichkeit ignorieren das Problem fehlender IT-Sicherheit bisher weitestgehend. Dabei könnten Hersteller für einen bestimmten Zeitraum, zum Beispiel zwei oder drei Jahre, dazu verpflichtet werden, regelmäßige Updates kostenfrei zur Verfügung zu stellen. Nach diesem Zeitraum könnten die Firmen den Kunden gegen Bezahlung diese Updates weiterhin anbieten, für 10 Euro im Jahr zum Beispiel. Auch wenn man sich zwischendurch ein neues Gerät kauft. Das alte wird ja oft weiter benutzt, der ein paar Jahre alte intelligente Fernseher wandert vom Wohnzimmer ins Kinderzimmer. Damit sind oft die Schwächsten unserer Gesellschaft von den

Schwächen bei Datenschutz und Datensicherheit betroffen.

Die Möglichkeiten wachsender Unfreiheit bekommt aber eine noch größere Dimension, losgelöst von Datenschutz und Datensicherheit, schaut man auf die Auswirkungen mancher technischer Systeme. Daten sind die Grundlage für Systeme automatisierter Entscheidungsfindung. Damit kann die Verarbeitung von Daten in diesen Systemen zum Auslöser für Unfreiheit werden und zu Einschränkungen von Menschenrechten führen.

Systeme voller Vorurteile

Im Norden von Manhattan, in der Nähe der 120. Straße, befindet sich das typische New Yorker Reihenhaus, in dem Julia Angwin wohnt. Die Journalistin arbeitet für ProPublica, einem Not-Profit-Rechercheportal. Die ProPublica-Redaktion wurde schon mehrfach mit dem Pulitzer-Preis ausgezeichnet. Julia Angwin hätte 2017 fast auch einen erhalten: Sie war mit ihrer Arbeit unter den letzten drei Finalisten in der Kategorie »Hintergrundberichterstattung«. Aktuell beschäftigt sich Angwin mit der Frage von automatisierter Entscheidungsfindung in grundrechtssensiblen Bereichen.

Dies klingt zunächst etwas trocken, es geht aber um eine besorgniserregende Entwicklung. Immer öfter werden im amerikanischen Justiz- und Verwaltungssystem automatisierte Entscheidungssysteme eingesetzt, um Bewertungen vorzunehmen und Entscheidungen zu beeinflussen. »Während die intelligentesten Programmierer an kommerziell sehr erfolgreichen Projekten wie Kartendiensten arbeiten und eine Genauigkeit von 80 Prozent schon ein Erfolg ist, arbeiten andere Programmierer und Entwickler an Systemen, die darüber entscheiden, ob Kinder von ihren Eltern weggenommen werden sollen oder Kriminelle längere Haftstrafen absitzen sollten oder keine Begnadigung erhalten, da ihr Rückfallrisiko zu groß ist. Das sind sehr weitreichende und lebenswichtige Entscheidungen, die hier automatisiert werden«, erklärt mir die Journalistin. Automatisierte Entscheidungssysteme – in der Öffentlichkeit oft verkürzt auch »Algorithmen« genannt – sollen verstärkt Entscheidungsgrundlagen für verschiedenste Arbeitsbereiche liefern. Die Unternehmen, die solche Angebote verkaufen, sprechen gern von »Empfehlungen« und »Unterstützung«, die diese Systeme leisten sollen, gefüttert mit allerhand Daten. Die Firma Northpointe offeriert etwa das System »Pretrial«, das einen sogenannten »risk score« erstellt, um zu ermitteln, wer in Untersuchungshaft kommen oder bleiben soll und wer nicht. Verwertet werden persönliche Daten zum konkreten Fall sowie Daten von Fällen, die ähnliche Muster aufweisen. Solche Verfahren werden nicht nur im Justizsystem eingesetzt, sondern auch bei Stellenbesetzungen. Die Bewerbungsschreiben und Lebensläufe werden in ähnliche Systeme eingegeben, und dann gibt es Empfehlungen, wen man einstellen soll und wen nicht. Natürlich treffen diese Systeme formal keine Entscheidungen, die Unterschrift unter einen Bescheid oder einen Vertrag leistet weiterhin der zuständige Beamte oder Personalleiter. Trotzdem sind es maschinengestützte oder sogar maschinengetriebene Entscheidungen, die hier getroffen werden. Entscheidungen, die man mitunter nicht anfechten kann. Hier haben wir einen der Konflikte, die uns im 21. Jahrhundert beschäftigen werden: Wer ist verantwortlich und wie kann man Recht durchsetzen, wenn die Verantwortung derart abstrakt wird. Im Ölzeitalter war die Lage ebenfalls komplex, doch man konnte immer nach dem Verursacherprinzip vorgehen. Der Ölkonzern BP musste als Hauptbetreiber der Ölplattform *Deepwater Horizon* für die Schäden und Strafen aufkommen, insgesamt fast 62 Milliarden US-Dollar, die aufgrund von steuerlichen Effekten dann 44 Milliarden Dollar an Kosten bedeuteten.

In der heutigen Situation, wo datengestützte, automatisierte Entscheidungsprozesse stattfinden, kann man an vielen Stellen die Verantwortlichkeit ansetzen: bei der Entwicklung eines Systems, bei der Einspeisung der Daten in dieses System oder bei demjenigen, der am Ende mit seinem Stempel oder seiner Unterschrift die Entscheidung offiziell macht. Und was geschieht, wenn sich der einzelne Verantwortliche der Empfehlung des Systems widersetzt und eine andere Entscheidung trifft als die empfohlene?

Es gibt einen bekannten Vorfall, der jüngst sogar verfilmt wurde. Am 15. Januar 2009 landete eine Maschine der Fluggesellschaft US Airways auf dem Hudson River. Eine Notlandung, da kurz nach dem Start Gänse in beide Triebwerke geflogen waren, woraufhin diese ausfielen. Der Pilot des Flugzeuges war Chesley Sullenberger, genannt Sully. Er handelte geistesgegenwärtig und landete das Flugzeug auf dem Wasser, da die Flughöhe für eine Rückkehr zum Flughafen nicht ausreichte. In 2016 erschien der Film *Sully* mit Tom Hanks in der Hauptrolle. Ein Großteil des Films besteht aus der anschließenden Untersuchung der Transportbehörde. Sully muss sich dafür rechtfertigen, warum er nicht der Empfehlung des Flugzeugsystems gefolgt und zurück zum Flughafen geflogen war. Ihm wird vorgeworfen, die Passagiere unnötig in Gefahr gebracht zu haben. In diesem Fall geht die Geschichte gut für ihn aus. Aber es zeigt das Problem gut auf, was passiert, wenn man der Empfehlung des datengetriebenen Systems nicht folgt. Klar ist, dass in diesem Konflikt der Druck auf den Einzelnen nur noch steigt. Für Julia Angwin ist dies die zentrale Frage beim Thema automatisierter Entscheidungsprozesse: »Damit sich Menschen über solche Entscheidungsempfehlungen auch hinwegsetzen können, müssen wir Strukturen dafür schaffen, die sie absichern und nicht anschuldigen. Ansonsten wird man nämlich, wenn überhaupt, sich nur in sehr wenigen Extremsituationen über eine automatisierte Empfehlung hinwegsetzen und dem Gefühl folgen.«

Der Ansatz ist richtig. Automatisierte Entscheidungssysteme wird man nicht mehr vermeiden können, aber der Faktor Mensch muss eigenständiger Teil dieses Prozesses bleiben. Das geht nur, wenn Anreize geschaffen werden, die den Menschen ermutigen, nicht jeder Empfehlung zu folgen.

Jeanette Hofmann ist Politikwissenschaftlerin und beschäftigt sich seit über zwanzig Jahren mit politischen Fragen des digitalen Wandels. Sie arbeitet am Wissenschaftszentrum Berlin (WZB) und ist Professorin für Internetpolitik an der Freien Universität in Berlin. Sie hat maßgeblich dazu beigetragen, dass in

Berlin mit rund 50 Millionen Euro Bundesmitteln das »Internet-Institut für die vernetzte Gesellschaft« entsteht. In unserem Gespräch gefällt ihr der Begriff des Anreizes nicht, da er vor allem monetär klingt. »Bei denen, deren Kompetenz durch ein Expertensystem ersetzt werden soll, geht es um eine Verteidigung ihrer Kompetenz. Diese Menschen sind gut beraten, wenn sie vergleichen zwischen dem, wie sie selber entscheiden würden, und was das System vorgibt.« Diese Doppelqualifikation in möglichst vielen Berufsbildern zu erhalten, einerseits mit den automatisierten Entscheidungen des Expertensystems umgehen zu können, zum anderen aber auch eigenständig zu agieren, sollte im Interesse der Gesellschaft sein. Und sofort ergeben sich neue Fragen: Soll dies für alle Berufe gelten, für Lkw-Fahrer ebenso wie für Justizangestellte, oder nur für einige, wie Piloten oder Ärzte? Deshalb geht es darum, genauer zu untersuchen, wie der Einfluss solcher automatisierten algorithmischen Entscheidungssysteme auf Einzelne, aber auch Gesellschaften aussieht. Das neue »Internet-Institut« soll zu dieser Debatte einen Beitrag leisten.

Ein bekanntes Phänomen ist in diesem Zusammenhang das antrainierte Vorurteil – ein Grundproblem vieler automatisierter Entscheidungssysteme: Wenn Expertensysteme trainiert werden, übernehmen sie zwangsläufig die Vorurteile, die die Menschen unbewusst mit sich herumtragen. Sie duplizieren damit ein vorurteilsbelastetes System, anstatt es vorurteilsfreier zu machen. Menschen können im Einzelfall ihre eigenen Vorurteile »überschreiben« und trotz etwaiger Vorurteile eine andere, vom Vorurteil abweichende Entscheidung treffen. Systeme können dies nicht, da sie nicht wissen, was ein Vorurteil ist. Dieses Phänomen nennt man »machine bias«.

Für die Wissenschaftlerin Kate Crawford sind Fälle von Vorurteilen in automatisierten algorithmischen Entscheidungssystemen vergleichbar mit dem ölverschmierten Vogel nach einem Öltankerunglück. »Es geht im ersten Moment nicht um eine ethische Debatte, sondern der ölverschmierte Vogel löste eine empathisch mitfühlende Betrachtung aus, in Bezug auf etwas, was wir bisher eigentlich nur als Energierohstoff kennen. Jetzt aber können wir sehen, welche realen Effekte er direkt auf unsere Umwelt hat. Etwas Ähnliches erlebe ich bei den Artikeln zum Thema ›machine bias‹, wo die Verarbeitung von Daten dazu führt, zu verstehen, wie unfair es ist, dass eine junge afroamerikanische Frau im Gefängnis sitzt, weil die verwendeten Systeme auf Grundlage von Daten Vorurteile auf alle Afroamerikaner übertragen haben.«

Die Vorurteile aufzudecken, ist ein erster wichtiger

Schritt. Aber nur von dem Problem zu wissen, reicht nicht aus. Man muss auch Lösungen finden. Heutzutage sind solche automatisierten Entscheidungssysteme nur so gut wie die Daten, die in sie eingegeben werden, da diese Daten dazu führen, die Systeme zu trainieren, und da auf diesen Lernprozessen dann die Antworten und Empfehlungen in der Zukunft aufbauen. Und hieran scheitert gerade unsere Gesellschaft. Wenn man Systeme nur mit historischen Bildaufnahmen »füttern«, also trainieren kann, werden natürlich Stereotype und Gesellschaftsbilder aus der Vergangenheit verbreitet. Grund für ein solches Training kann sein, dass andere Bildaufnahmen nicht die rechtliche Nutzung erlauben. Oder die Frage der Datenerfassung im Bereich Kriminalitätsbekämpfung: In den USA werden vom FBI, und damit bundesweit, vor allem Straftaten dokumentiert, die vornehmlich in den unteren sozialen Schichten verübt werden, wie Bandenkriminalität oder Aufenthaltsrechtsverstöße. Damit geraten Minderheiten und sozial schwache Bürger verstärkt in den Fokus, da diese Fälle genutzt werden, um automatisierte Systeme zu trainieren. Andere Straftaten, die eher höhere soziale Schichten betreffen, werden in den USA nicht zentral erfasst und ausgewertet, zum Beispiel Steuerhinterziehung. Damit sind Vorurteile »vorprogrammiert«, da wir nicht Daten von allen Menschen erfassen, um solche Systeme bestmöglich zu trainieren. Denn: »Wir messen, was wir wissen, und wir wissen, was wir messen. Es ist ein Versäumnis, manche Daten nicht zu sammeln«, sagt Beth Simone Noveck. Sie leitet das GovLab in New York, eine Forschungseinrichtung zur Nutzung von Daten für staatliches Handeln, und war zu Beginn der Amtszeit von Barack Obama Beraterin im Weißen Haus. Für sie geht es nicht darum, ob Daten erfasst werden sollen oder nicht. Sie macht im Gespräch deutlich: »Die Debatte führt zu nichts, wenn man nur die Grundsatzfrage stellt und fordert, Daten gar nicht zu nutzen. Worum es geht, ist die verantwortliche Nutzung von Daten.«

Das heißt, wollen wir in Kauf nehmen, dass aufgrund einer unzureichenden Datenlage – weil Daten nicht verfügbar sind oder aus Datenschutz- und Urheberrechtsgründen nicht genutzt werden können – Systeme nicht optimal funktionieren und damit Vorurteile gefestigt und Fehlentscheidungen getroffen werden? Schon jetzt arbeiten viele Unternehmen und Wissenschaftler daran im Gesundheitsbereich solche automatisierten Systeme einzusetzen, sie mit Gesundheitsdaten zu trainieren. Dort stellt sich ebenfalls die Frage: Sollen nur Daten genutzt werden, wenn die Menschen explizit eingewilligt haben, zum Beispiel als Teilnehmer einer klinischen Studie, oder sollte Zugriff gewährt werden auf alle anonymisierten Daten, im Glauben, damit das beste Gesundheitssystem zu schaffen, was für alle von Nutzen ist?

Als Datenschützer würde ich hier sofort sagen: Stopp! Daten dürfen nur genutzt werden, wenn die Zustimmung der Person vorliegt, zum Beispiel, um die Blutwerte oder Röntgenaufnahmen zu »Trainingszwecken« zu verwenden. Anonymisierung funktioniert heute nicht mehr, da die Rückverfolgung immer besser funktioniert. Wollte man einen Kompromiss eingehen, könnte man vielleicht sagen, dass in *bestimmten* Bereichen, und hier zählt der Gesundheitsbereich dazu, funktionierende und hochwertige Expertensysteme wichtiger sind als der individuelle Datenschutz. Dass also der Datenschutz seine Grenzen hat. Doch wo soll diese Grenze gezogen werden? Nur wenn es um Gesundheit geht? Oder auch bei Fragen der inneren Sicherheit? Bei Steuern?

Die Abwägung von individuellem Datenschutz und Interessen der Allgemeinheit werden in Zukunft zunehmen, wenn es um automatisierte Entscheidungssysteme geht, die ihre Fähigkeiten aus dem Training und der Analyse großer Datenmengen erhalten. Die Gesellschaft muss diese Diskussion führen. Es gilt sehr viele verschiedene Interessen abzuwägen, und es geht um Entscheidungen, die größten Einfluss auf die kommenden Jahrzehnte nehmen werden.

Transparenz ist nur Teil der Lösung

Wenn es um automatisierte Entscheidungssysteme geht, wird sofort der Ruf nach Transparenz und Offenlegung der »Algorithmen« laut. Als wäre das so einfach! Als müsste man sich diesen Algorithmus nur mal genauer anschauen, und dann vergibt man ein TÜV-Siegel, und alles ist in bester Ordnung. Das ist natürlich illusorisch. Anders als ein Aufzug oder eine Küchenmaschine, die standardmäßig nach einem Muster arbeiten, arbeiten Algorithmen abhängig von der Datenbasis, die sie nutzen oder wie sie trainiert werden. Das betont auch Kate Crawford: »Der Algorithmus ist der unwichtigste Bestandteil. Es geht um das System an sich, das algorithmische System, mit den verwendeten Datensätzen, dem Training des Systems und den Erkenntnissen, die aus dem Training mit den Datensätzen herauskommen. Nur wenn man sich diese Zusammenhänge anschaut, kann man tatsächlich weitergehende Aussagen treffen.«

Automatische Entscheidungssysteme entscheiden schon heute über Freiheit oder Unfreiheit, etwa wenn ein Krimineller länger im Gefängnis bleibt oder ein Kind aus seiner Familie geholt wird. In der Wirtschaft werden einfachste automatisierte Entscheidungssysteme schon seit Jahrzehnten eingesetzt, und längst nicht mehr nur von Finanzunternehmen. Diese Systeme arbeiten bisher in der Regel auf Basis einer vorgegebenen Zahl von Faktoren, je nach Umfang der Daten, die einer Person zugeordnet werden können. Damit unterscheidet sich dieser Ansatz zu neueren und komplexeren automatisierten Entscheidungssystemen, die auf maschinellem Lernen aufbauen, da sie nicht mehr in Abhängigkeit zu einzelnen Faktoren arbeiten und den Scorewert berechnen, sondern unterschiedliche Modelle berechnen, die zueinander abhängig sind.

Der Fokus aktueller Scoring-Systeme liegt vor allem auf den finanziellen Aspekten: Wie hoch ist die Zahlungsausfall-Wahrscheinlichkeit, wie groß sind finanzielle Spielräume oder auch die Wahrscheinlichkeit, dass es insgesamt zu Problemen kommt, wenn zum Beispiel Rechnungen von einer Person immer erst nach der ersten Mahnung gezahlt werden. Diese Ergebnisse fließen in vielen Branchen ein, nicht nur bei Banken. Handwerksunternehmen kontrollieren vorab, ob es sich überhaupt lohnt, ein Angebot zu erstellen. Versandunternehmen machen von der Anschrift der Person die Zahlungsmethoden abhängig, zum Beispiel ob Vorkasse verlangt wird oder nicht. Solche Verfahren erzeugen heutzutage bei manchen Menschen ein Gefühl der Hilflosigkeit. Nicht zu Unrecht, denn die Systeme sind fehleranfällig. Gespeicherte Daten müssen nicht automatisch auch korrekte Daten sein. Es können Falschinformationen enthalten sein, es können Daten falsch zugeordnet werden oder in manchen Fällen auch manipuliert werden. Zudem arbeiten diese Scoring-Systeme im Finanzumfeld auch mit Vorurteilen, zum Beispiel wenn sie nicht nur die Daten einer einzelnen Person auswerten, sondern anhand der Anschrift auch Daten zur Nachbarschaft einbeziehen. Denn schließlich gilt für solche Systeme: »Gleich und Gleich gesellt sich gern.« Und so kann es kommen, dass man abgestraft wird dafür, dass die Nachbarn im Haus häufig Mahnungen erhalten.

Ein Scoring-System mit eindeutig unfreiheitlicher Tendenz soll in China eingeführt werden. Die Pläne existieren schon länger, die ersten praktischen Versuche sollen bald unternommen werden. Es geht um einen Sozialscore zu jedem Bürger, der fast alle öffentlichen und staatlichen Daten zu einer Person einbezieht, auch Beiträge in sozialen Medien. Gefördert werden soll soziales Verhalten. Asoziales Verhalten – worunter nicht zuletzt Kritik an der Kommunistischen Partei oder an sozialen Missständen verstanden wird – soll abgestraft werden. Das kann zu Erschwernissen im Alltag führen. Man wird herabgestuft in der Kreditwürdigkeit oder hat geringere Chancen auf einen guten Arbeitsplatz. Ein solches System, das auf Basis unterschiedlichster Datenzusammenführungen handelt und automatisiert Entscheidungen trifft, würde zu einem verstärkten Konformitätszwang in der Gesellschaft führen und die Freiheiten, die die Digitalisierung und insbesondere das Internet den Menschen gerade auch in China geschenkt hat, massiv beschneiden.

Der Weg zur künstlichen Intelligenz

Das Thema algorithmische Systeme ist von großer Brisanz. Die Entwicklung in diesem Bereich eilt mit großen Schritten voran und wird ohne Frage unser aller Leben drastisch verändern. Deshalb lohnt sich ein Blick auf die technischen Ansätze, die es bereits gibt oder die aktuell entwickelt werden. Die Schlagwörter sind: Deep Learning (oder »tiefergehendes Lernen«), Machine Learning (also »maschinelles Lernen«), Federated Learning (etwa: »verteiltes Lernen«) und Artificial Intelligence – künstliche Intelligenz (KI). Der Zeithorizont, den Experten ansetzen, bis echte KI-Systeme autonom oder teilautonom ihre Arbeit im großen Stil aufnehmen, schwankt stark – zwischen 25 Jahren und viel längeren Zeiträumen. Die Unsicherheit besteht nicht zuletzt darin, dass die Begriffe nicht immer klar definiert werden, auch von den Forschern selbst nicht. Der Wissenschaftler Solon Barocas aus New York sagt dazu: »Ich bin davon überzeugt, fast keiner von den Leuten, die über künstliche Intelligenz reden, weiß genau, auf was er sich da bezieht.«

So viel ist sicher: Maschinelles Lernen nimmt immer stärker zu, und Deap Learning hat die vergangenen Jahre zu vielen bahnbrechenden Ergebnissen geführt. Das Unternehmen »Google DeepMind« hat 2016 mit seinem Programm AlphaGo den Go-Meister Lee Sedol aus Südkorea geschlagen. Go ist ein strategisches Brettspiel, das vor allem in Asien gespielt wird – ein komplexeres Schach.

Beim maschinellen Lernen wird Systemen mit Hilfe riesiger Datenmengen beigebracht, Muster zu erkennen, Bilder zu bewerten, Sprache oder Texte zu übersetzen und möglichst treffsichere Antworten zu liefern. Die Entwicklungen in diesem Bereich haben in den vergangenen Jahren aufgrund von größerer Computerrechenkraft und verbesserter Datenmodelle vielversprechende Fortschritte gemacht. Die Möglichkeiten der Gesichtserkennung sind sprunghaft gestiegen, die Zuordnung zu einem Geschlecht oder einer Ethnie ist mittlerweile sehr genau. Übersetzungen von Texten sind heutzutage deutlich besser als noch vor drei, vier Jahren. Es werden unterschiedlichste Daten herangezogen, um diese Systeme mit ihren Algorithmen und Modellen zu trainieren, zum Beispiel Anträge und Berichte und deren Übersetzungen aus dem Europäischen Parlament oder von den Vereinten Nationen. Sprachaufnahmen aus Callcentern, Assistenzsystemen und von automatisierten Hotlines werden ausgewertet, um die Spracherkennung zu verbessern. All dies sind Systeme, die sich ständig selbst verbessern, sie »lernen« und »erinnern« sich, um ihre Genauigkeit an Vorhersagen zu verbessern. Gut funktionierende automatische Sprachübersetzungen bei Telefonaten werden schon in einigen Jahren Realität sein. Auch in der Medizin werden wir solche Veränderungen erleben: Röntgenaufnahmen werden automatisch analysiert, Karies per Computer erkannt, Blutwerte werden im Zusammenhang mit anderen Symptomen eines Patienten bewertet.

Doch all diese Systeme sind noch ausschließlich auf ein Aufgabengebiet beschränkt, ein Spezialgebiet, für das sie trainiert werden. Von wirklicher künstlicher Intelligenz, wie wir sie aus den einschlägigen Science-Fiction-Filmen kennen, die praktisch das ganze Leben des Menschen organisiert und – so die Sorge – die Menschen am Ende womöglich unterdrücken könnte, sind wir noch weit entfernt. Die Robotikexpertin Kate Darling vom MIT Media Lab sagt: »Es ist spannend, was Systeme mittlerweile lernen können, durch wiederholtes Training können sie auf Erkenntnissen aufbauen, aber es ist eben nicht wie bei einem Baby, das seine Augen zum ersten Mal öffnet und von dort an die Welt selber kennenlernt und lernt.«

Viele meiner Gesprächspartner zitieren in diesem Zusammenhang Microsoft-Gründer Bill Gates, der gesagt haben soll: »Wir überschätzen die aktuelle technologische Entwicklung, aber wir unterschätzen ihren langfristigen Einfluss.« Mit anderen Worten: Selbst wenn die Entwicklung in Sachen KI aktuell noch nicht so weit ist, wie viele behaupten – wir stellen *jetzt* die Weichen zu dieser Entwicklung, wir müssen uns also jetzt mit den gesellschaftlichen, ethischen und rechtlichen Fragen vorausschauend auseinandersetzen.

Es gibt wenige Unternehmen, die gezielt in Sachen genereller künstlicher Intelligenz forschen, wie Google DeepMind. Die meisten Unternehmen begnügen sich derzeit mit anwendungsorientierter Forschung für konkrete Einsatzmöglichkeiten in den kommenden zwei bis sechs Jahren. Daten spielen für diese Systeme selbstverständliche die entscheidende Rolle, ohne sie fehlt das Trainingsmaterial. Und es reicht nicht, Systeme nur mit historischen Texten oder Bildern zu füttern, damit wird nicht die aktuelle Welt erfasst, sondern eine Welt, wie wir sie vor Jahrzehnten kannten. Darum sind diese Unternehmen so daran interessiert, neue Datenquellen zu erschließen.

Um darauf aufbauend nicht nur reine Text- oder Bildanalyse zu betreiben, sondern um die Möglichkeiten der »Vorhersage« von Verhalten. Wir haben es hier mit einer Art Revival des Behaviorismus zu tun, der die Biologie Mitte des 20. Jahrhunderts bestimmt hat: Aus vergangenem Verhalten soll auf zukünftiges Verhalten geschlossen und damit eine Wahrscheinlichkeitsaussage getroffen werden. Dies erleben wir aktuell beim Einsatz von Systemen im Bereich Scoring, aber auch im Bereich Predictive Policing, also bei »vorhersagender Polizeiarbeit«.

Neben dem Erschließen neuer Datenflüsse setzen viele Unternehmen für ihre Systeme auf zentrale Datenverarbeitung, die Sammlung, Auswertung und das Training mit den Daten an einem Ort: den Riesendatenspeichern der Unternehmen und ihren Rechenzentren. Das verschafft den bisherigen großen Datenunternehmen ihre Monopolstellung: Sie haben Unmengen an Daten und gleichzeitig die finanzielle

Möglichkeit, enorme Rechenkraft aufzubauen. Die öffentliche Forschung, aber auch viele Konkurrenzunternehmen haben das Nachsehen. Mit einiger Sorge wurde daher betrachtet, als sich viele dieser Großen – Amazon, Apple, Google DeepMind, Google, Facebook, IBM, Microsoft und andere – im September 2016 zur »Partnership on Artificial Intelligence (AI)« zusammentaten. Das Selbstverständnis der Gruppe ist ein gemeinnütziges (der volle Name lautet: »Partnership on Artificial Intelligence to Benefit People and Society«), daher sind auch mehrere Nichtregierungsorganisationen, wie die Electronic Frontier Foundation (EFF), als Partner dabei. Aus Sicht von Ryan Calo von der Universität Washington besteht aber dennoch das Risiko, dass es zu wettbewerbswidrigem Verhalten kommen kann. »Es kommen Unternehmen zusammen, die auf einem riesigen Berg von Daten und Computerrechenkraft sitzen und sich zum Ziel gesetzt haben, ethische Prinzipien für den Einsatz von künstlicher Intelligenz zu entwickeln. Schaut man sich den Verbraucherschutz an, gab es in der Geschichte viele Fälle, wo eine Industrie unter dem Vorwand, ethische Prinzipien zu entwickeln, diese dann in ein wettbewerbseinschränkendes Umfeld führten. Dies haben wir im Bereich der Medizin erlebt, aber auch vielen anderen Bereichen. Die Sorge ist, dass sie den Zugang zu den notwendigen Daten durch einen ethischen Verhaltenskodex beschränken könnten.«

Die großen Datenunternehmen werden weiter versuchen, aus allen Lebensbereichen Daten zusammenzuführen. Es geht um Kassenbons aus Supermärkten, Bilder aus sozialen Netzwerken, Spracheingaben aus Assistenzsystemen von Smartphones wie Siri von Apple oder Haussystemen wie Alexa von Amazon, Geschriebenes aus Blogs und Mails und dergleichen mehr. Die Sorge vor Kontrollverlust und Steuerung durch die Zentralisierung der Datenverarbeitung, aber auch durch die Verlagerung der Datenerfassung in die Privatsphäre hinein, durch Sensorik in den eigenen vier Wänden, durch die Verarbeitung von Gesundheitsdaten oder Zusammenführung der Daten über Unternehmensgrenzen hinweg ist daher nicht unberechtigt. Hochsensibel sind die juristischen Fragen in diesem Zusammenhang: Ist das Training mit Daten eine Datenverarbeitung, in die die betroffene Person einwilligen muss? Sind die Daten in ihrer Masse, wenn man sie anonymisiert, noch einer Person zuzuordnen? Wem gehören diese Daten?

Meine Meinung ist: Der Datenschutz gilt. Aber viele Unternehmen, gerade außerhalb von Europa, nutzen Daten, die ihnen anvertraut wurden, für solche Trainingsverfahren ohne zusätzliche Einwilligung der Betroffenen. Denn eine Einwilligung findet sich, meist sehr vage formuliert, in den langen Geschäftsbedingungen der Dienste.

Immerhin ist zu beobachten, dass es innerhalb der Forschung immer mehr Ansätze zu einer datenschutzfreundlicheren Verarbeitung von Daten gibt. »Deep Learning« besteht aus dem Training mit riesigen Datensets und der Verarbeitung der Ergebnisse, die sich ergeben. Bisher erfolgte das Training zentral, und dafür wurden riesige Datenmengen benötigt, und Ergebnisse konnten schon verteilt auf den Endgeräten errechnet werden. »Verteiltes Lernen« *(Federated Learning)* und der verbundene Prozess, künstliche neuronale Netze weiter auszubauen, könnten der entscheidende nächste Schritt sein. Das menschliche Gehirn als neuronales Netzwerk ist die Basis für menschliche Intelligenz. Dieses Netzwerk künstlich nachzubilden ist seit Jahren das Ziel der Forschung. Wenn man es schafft, nicht nur die Ergebnisse, die diese Systeme errechnen, dezentral zu erarbeiten, sondern auch das Training dieser Systeme raus aus den Datenzentren holt und auf die Endgeräte überträgt, könnte man damit die zentrale Massendatenspeicherung beenden, die bisher für das Training solcher Systeme und Modelle notwendig war. Dies wäre tatsächlich ein Durchbruch, nicht nur in Bezug auf die Entwicklung von künstlicher Intelligenz, sondern auch für eine datenschutzfreundliche Vorgehensweise. Wenn man künstliche neuronale Netzwerke auf einem Chip implementiert, in die Endgeräte einbaut und dann lokal arbeiten lässt, gibt man die Kontrolle über die Daten dem Einzelnen zurück. Es wäre nicht nur lokal funktionierende künstliche Intelligenz ohne den Zwang zur Vernetzung über das Internet, es wäre das Ende des Big-Data-Hypes. Die Daten müssten nicht mehr in der Cloud oder in riesigen Datensilos hinterlegt sein, um tiefergehende Lernmodelle und damit die neuronalen Netze zu trainieren. Stattdessen behält der Nutzer des Endgerätes die Kontrolle über seine Daten und die lokal generierte Schlussfolgerung *(inference)*. Lediglich die Verbesserungen, die daraus für das künstliche neuronale Netz und Modell an sich entstehen, würden dann als abstrakte, aber nicht individuell identifizierbare Verbesserung zurück an die zentralen Server fließen, um dann jeweils alle anderen Systeme mit dieser Verbesserung mittels Update auszustatten und um zukünftige Systeme und Chips zu verbessern. Das permanente Sammeln neuer Daten könnte auf diese Weise unterbunden werden. Ungeklärt bliebe dabei immer noch die Kontrolle über die eingesetzten Systeme, die Trainingsmodelle und die

Schlussfolgerungen, die gezogen werden. Trotzdem wäre ein solches »verteiltes Lernen« ein Fortschritt für den Schutz unserer Daten und Privatsphäre.

Das hier beschrieben Szenario könnte man als dritte Phase bei der Generierung und Nutzung von Daten bezeichnen. Dies würde beim Erdöl der petrochemischen Phase entsprechen, in der es ebenfalls zu einer generellen Aufsplittung der Verarbeitung kommt. Gegenwärtig erleben wir aber noch den Übergang von der ersten zur zweiten Phase, also von der vornehmlichen Nutzung von Daten für Online-Werbung, Online-Handel und einfache Vorhersagesysteme wie Scoring hin zur Nutzung von Daten in Assistenzsystemen, automatisierten Entscheidungssystemen, der Biotechnologie und der vernetzten Sensorik. In der ersten Phase entstanden digitale Daten vor allem dort, wo sich ein Monitor befand und eine Tastatur uns zur Eingabe aufforderte. Inzwischen erleben wir, dass unser Alltag insgesamt digitalisiert und verdatet wird. Der Radius der Datenerfassung hat sich deutlich ausgeweitet, gleichzeitig dringt sie immer tiefer in unser Leben vor.

Es geht nicht um Abwehr, sondern um Gestaltung

Digitale Daten erleichtern unseren Alltag, niemand, der ein Smartphone besitzt, einigermaßen regelmäßig das Internet aufsucht oder online Waren bestellt, wird dies leugnen. Und dennoch herrscht in weiten Teilen der Bevölkerung, zumindest in Europa, allen voran in Deutschland, noch immer eine große Skepsis gegenüber digitalen Technologien. Tatsache ist: Mit einer technologiefeindlichen Haltung werden wir die kommenden technologischen Entwicklungen nicht aufhalten. Wir lassen uns stattdessen nur das Heft aus der Hand nehmen. Denn wer in eine reine Abwehrhaltung geht zum technologischen Fortschritt, nimmt nicht aktiv an seiner Gestaltung teil. Die Frage ist nicht: Soll die Zukunft digital sein oder nicht? Sondern die Frage muss lauten: Wie soll ein gutes Leben im Datenzeitalter aussehen? Dies muss eine kritisch hinterfragendende Diskussion sein, als Mittelweg zwischen reiner Abwehr und blinder Technik-Euphorie. Denn der Diskurs über die Gestaltung unserer digitalen Zukunft darf nicht in der binären Dimension »gut« oder »schlecht« erfolgen.

Dass die Gestaltung globaler Prozesse möglich ist,

sehen wir zurzeit beim Öl. Hier wird – wenn auch mit großer Verspätung – die nötige Diskussion geführt, werden die entscheidenden Fragen gestellt: Wie muss unternehmerisches Handeln aussehen, das die Menschenrechte wahrt und die Umwelt schützt? Die Ölindustrie entwickelt hierfür zunehmend Mechanismen, die Transparenz gewährleisten sollen. Auf Verbraucherseite wird wiederum über Fragen des Konsums und dessen Folgen diskutiert.

Ähnliche Diskussionen finden ansatzweise auch im Zusammenhang mit Daten statt. Transparenzberichte, was den Datenaustausch mit staatlichen Stellen angeht, haben mittlerweile viele Unternehmen, aber das ist nur ein Aspekt. Entscheidend ist, dass in den Unternehmen ein Bewusstsein dafür entstehen muss, dass der Umgang mit unseren Daten zur Verletzung unserer Menschenrechte führen kann. Statt also in diesem Zusammenhang ausschließlich von Datenschutz zu reden, sollten wir vielmehr von den Menschenrechten sprechen, denn darum geht es. Es geht um die Möglichkeiten zunehmender Diskriminierung, Freiheitseinschränkungen und Ungleichheit.

4. Gesellschaft

Für Daniel Yergin war die Gesellschaft des 20. Jahrhunderts eine Kohlenwasserstoff-Gesellschaft, denn Öl spielte in dieser Gesellschaft die zentrale Rolle. Yergin ist *der* Ölexperte. In kaum einem Gespräch, das ich führte, wurde sein Name nicht früher oder später genannt. Der 70-jährige Wirtschaftswissenschaftler aus den USA hat für sein Buch *Der Preis – Die Jagd nach Öl, Geld und Macht* 1992 den Pulitzer-Preis gewonnen. Es ist inzwischen ein Standardwerk zum Thema. Laut Yergin kann man fast alle weltpolitischen Großlagen, Konflikte und auch gesellschaftlichen Veränderungen im 20. Jahrhundert in der einen oder anderen Form auf Öl zurückführen. Diese Betrachtungsweise ist umstritten. Der Historiker Rüdiger Graf sieht darin eine unzulässige Verkürzung: »Es gibt einfach enorm viele andere Faktoren, die genauso wichtig sind wie Öl. Die Tatsache, dass Öl diese Bedeutungssteigerungen hatte, heißt nicht, dass Öl auch immer der beste Ansatzpunkt ist, um Gesellschaften zu analysieren.«

Auch beim Blick auf digitale Daten muss man sich

vor Vereinfachung hüten. Daten dominieren unsere Welt schon heute und werden sie in der Zukunft noch viel stärker dominieren, aber das werden auch andere Entwicklungen tun, gesellschaftliche Bewegungen, aber auch Veränderungen liegen in der Natur. Es müssen also immer unterschiedliche Faktoren berücksichtigt werden, wenn es gilt, Prognosen für die nahe Zukunft zu stellen.

Dies gilt es im Hinterkopf zu behalten, wenn wir jetzt einen Blick werfen auf die Auswirkungen, die Erdöl einerseits und die Digitalisierung andererseits auf unser Zusammenleben haben.

Mit der massiven Förderung von Öl und der Nutzung als Treibstoff wurde die individuelle Mobilität für breite Gesellschaftsschichten ermöglicht, sie war nicht mehr länger ein Privileg der Eliten. Neue Warenströme entstanden. Es kam zu einem Modernisierungsschub, dessen Hauptwerkstoff die unterschiedlichsten Kunststoffe waren. Der Arbeitsmarkt wurde komplett umgekrempelt. Ganze Branchen verloren ihre Bedeutung oder fielen weg.

Nicht anders ist es heute. Durch die Digitalisierung haben sich zahllose neue Branchen aufgetan, Geschäftsmodelle, die ohne die Digitalisierung unvorstellbar wären. Man denke etwa an Angebote wie Uber oder Airbnb. Der Unterschied zum Modernisierungsschub im Ölzeitalter ist dabei nicht so sehr seine Radikalität, sondern sein Tempo. Dies führt in weiten Teilen unserer Gesellschaft zu einem Gefühl, von einer Entwicklung überrannt zu werden und damit die Kontrolle und Selbstbestimmung zu verlieren.

Ich treffe mich in Mainz mit Andreas Rödder. Der Professor für Neueste Geschichte beschäftigt sich in seiner Arbeit mit den Zusammenhängen von wirtschaftlichen, politischen und gesellschaftlichen Entwicklungen. »Die Vorstellung, dass man sich von externen Kräften überfordert sieht und mit einfachen Lösungen die Gestaltungshoheit wieder zurückgewinnen will, ist nicht neu. Egal ob man auf den Kommunismus oder auf die faschistischen Bewegungen wie den Nationalsozialismus schaut – die Vorstellung ist die, dass man mit einem geschlossenen Weltbild die Komplexität einer als nicht mehr begreifbar erfahrenen Gegenwart wieder einfangen kann.«

Der aktuelle gesellschaftliche und politische Rechtsruck, den wir international beobachten können – sei es in Großbritannien, in den USA und auch bei uns in Europa –, folgt einem ganz bestimmten Muster: Immer wird der Komplexität der Gegenwart mit vermeintlich einfachen Antworten begegnet. In einem halben Jahrhundert mag man diese Komplexitätswahrnehmung tatsächlich auf die immer weiter voranschreitende

Digitalisierung zurückführen, auf die Angst vor Jobverlust aufgrund neuer Technologien, auf die Veränderung von gesellschaftlichen Normen durch neue Kommunikationsmöglichkeiten oder die immer deutlicher werdenden Auswirkungen der Globalisierung, die sich nicht nur in Außenhandelsbilanzen widerspiegelt, sondern ganz konkret im Alltag der Menschen. Donald Trumps Wahlsieg wird man dann vielleicht als ein letztes Aufbäumen des alten Systems betrachten, eines Systems, das auf Öl gesetzt hat statt auf erneuerbare Energien, das lieber die Schlote der Fabriken rauchen sieht, statt auf Forschung und Entwicklung zu setzen.

Gleichzeitig erleben wir aber auch, wie gesellschaftliche Diskurse zunehmen. Die Menschen werden politischer, denken stärker über ihre Zukunft nach. Ein Grund dafür mag sein, dass die Auswirkungen, die der technologische Wandel auf den Arbeitsmarkt hat, nicht mehr ausschließlich die unteren Schichten trifft, sondern erstmals breit die Mittelschicht.

Viktor Mayer-Schönberger arbeitet am Oxford Internet Institut. Der Jurist aus Österreich beschäftigt sich seit über zwei Jahrzehnten mit Fragen des digitalen Wandels.

Er spricht von einem Sturm, der sich zusammenbraut, dessen Folgen heute noch unabsehbar sind. »Wenn wir aufgrund algorithmischer Entscheidungsfindungssysteme, basierend auf Big Data, im mittleren Management 50 Prozent der Arbeitsplätze verlieren, Entscheidungsträger im mittleren Niveau in fast allen Unternehmen betroffen sind oder wenn durch das autonome Fahren Lkw-Fahrer als Berufsgruppe wegfallen, immerhin in der Mehrzahl der amerikanischen Bundesstaaten der meist ausgeübte Beruf, dann hat dies massive soziale Verwerfungen zur Folge. Da hilft dann auch alleine kein Grundeinkommen.«

Das mittlere Management in Unternehmen ist eine Erfindung aus dem Ölzeitalter. Es entstanden neue Führungsaufgaben und neue Hierarchien mit den entsprechenden Aufstiegsmöglichkeiten mit allem, was dazugehört, vom Einzelplatzbüro bis zum Dienstwagen. In der Versicherungsbranche etwa oder der Bankenwirtschaft sind so Hunderttausende gutbezahlter Arbeitsplätze entstanden. Genau hier werden die unternehmerischen Umbrüche in der nahen Zukunft als Erstes ansetzen. Der Soziologe Heinz Bude betrachtet die Entwicklung mit Sorge: »Das ist für die Sozialstruktur bedrohlich. Die Durchsetzung von Expertensystemen wird Wertigkeiten grundlegend verändern in der Gesellschaft, Arbeitswertigkeiten, die vor allem die Mitte der Gesellschaft treffen.«

Es geht um die Veränderung des Zusammenhangs von Information und Wissen. Expertensysteme werden Berufsgruppen wie Rechtsanwälte beeinflussen, »normale« Rechtsanwälte werden weniger als heute verdienen, und nur noch wenige Staranwälte werden hohe Einkommen erzielen. Die Herrschaft des mittleren Managements wird durch diese neuen Systeme abgelöst, da es in großen Teilen obsolet wird. Dies wiederum wird dazu führen, dass erstmals der technologische Fortschritt vor allem die Mittelschicht trifft, anders als in der Vergangenheit, wo er vor allem die unteren sozialen Gruppen traf.

Auch Hal Varian von Google sieht enorme gesellschaftliche Veränderungen auf uns zukommen: »Autonomes Fahren wird riesige Auswirkungen auf unsere Gesellschaft haben, es macht Mobilität viel einfacher. Dies ist gerade in einer alternden Gesellschaft zentral. Es verändert, wie wir arbeiten, wo wir leben und wie wir pendeln. Diese Technologie basiert auf Daten, nämlich den Informationen, was vor einem ist, was auf dem Schild steht oder welche Informationen aus den Sensordaten noch ablesbar sind. Autonome Fahrzeuge sind aufgrund der unglaublichen Fortschritte bei der Sensorik und Datenanalyse auf dem Vormarsch. Sie werden von Informationen und einem sauberen Antriebsstoff angetrieben.«

Noch werden im Geschäft mit Daten die höchsten Umsätze durch onlinegestützten Handel und vor allem Online-Werbung erzielt. Doch neue Branchen stehen schon in den Startlöchern, im Mobilitätssektor, auf dem Energiemarkt oder im Gesundheitsbereich. Branchen, die global Billionen Euro Umsatz machen. Der globale Umsatz von Online-Werbung ist dagegen ein Taschengeld.

Und dennoch: Wenn wir auch allen Grund haben, von einer digitalen Gesellschaft zu reden, so dürfen wir nicht den Fehler begehen, die Digitalisierung zum Maß aller Dinge zu machen. Die Gesellschaft wird sich im 21. Jahrhundert verändern, Daten und Digitalisierung spielen dabei eine wichtige Rolle, aber nicht die einzige. Es gibt andere Prozesse, wie den Klimawandel oder Migrationsströme, die das 21. Jahrhundert ebenso massiv beeinflussen werden.

Schattenseiten des Wachstums

Um die Dimension der möglichen Veränderungen zu verstehen und womöglich auf sie vorbereitet zu sein, lohnt sich ein Blick auf die gesellschaftlichen Folgen des Ölreichtums in den großen Erdölexportnationen. Nicht ohne Grund wird von einem »Ressourcenfluch« gesprochen, der als Folge des Reichtums an natürlichen Ressourcen eintritt. Der Reichtum in diesen Ländern, vor allem rund um den Golf, ist in den Händen von Eliten beziehungsweise Herrscherfamilien. Der durch Öl erwirtschaftete Reichtum kommt in den meisten Fällen nicht der Gesellschaft selber zugute. In Saudi-Arabien leben über 30 Millionen Menschen, fast ein Drittel davon sind Gastarbeiter. Joel Beinin, der Experte für den Nahen und Mittleren Osten, weist auf einen wichtigen Punkt hin: »Ein Großteil der saudischen Bevölkerung ist heutzutage arm, darum empfinden sie auch keinen besonderen Stolz auf den Ölreichtum ihres Landes, weil sie davon nicht profitieren.«

Anders im Silicon Valley: Dort ist die Verbundenheit und Identifikation mit der IT- und Datenwirtschaft groß, es ist Teil des Selbstbewusstseins der Bevölkerung. Doch die Spannungen in der Region und auch an vielen anderen wichtigen Standorten der Daten- und IT-Wirtschaft aufgrund steigender Mieten und sozialer Verdrängung nehmen deutlich zu.

Die Ungleichverteilung des Reichtums ist eines der drängendsten Probleme unserer Zeit. Mit Öl wurde und wird seit 150 Jahren ein unglaublicher Reichtum erwirtschaftet, aber reich geworden sind nur sehr wenige. Bei der Digitalisierung können wir ähnliche Tendenzen beobachten. In vielen datengetriebenen Branchen erhalten selbst Berufseinsteiger mittlerweile Unsummen. Praktikanten bei Facebook verdienen bis zu 8000 Dollar im Monat. Zum Vergleich: Das verdient in Deutschland ein hochdotierter Professor der Informatik. Schaut man sich im Silicon Valley um, wird die soziale Kluft überdeutlich. Ich treffe Menschen, die verdienen über 150 000 Dollar im Jahr, geben aber ihren Job auf und ziehen mit ihrer Familie weg, da sie sich das Leben in der Region nicht leisten können. Ich besuche Freunde, die gut laufende Unternehmen mit Dutzenden Mitarbeitern haben, die in einem Wohnwagen wohnen, da sie sich neben dem Apartment in San Francisco keines direkt im Valley an ihrem Arbeitsplatz leisten können. Ganz zu schweigen von den Lehrern an staatlichen Schulen oder den Mitarbeitern im Dienstleistungssektor, die stundenlange Wege auf sich nehmen, da sie nur weit entfernt von diesen Orten ihre Miete bezahlen können. Denn die Mieten explodieren in den boomenden IT-Städten dieser Welt. Ähnlich wie es einst beim Öl war: Anfang des 20. Jahrhunderts wurden aus kleinen Dörfern durch den Ölboom in kürzester Zeit Großstädte. Die Grundstückspreise stiegen ins Unermessliche. Ein relevanter Teil des Gewinns aus der Ölförderung wurde direkt vor Ort wieder ausgegeben, nicht nur für Alkohol und Prostituierte, sondern vor allem für den normalen Lebensunterhalt. Noch heute zählen boomende Ölregionen zu den teuersten Orten der Welt. Direkte Lösungsansätze, die man aus dem Ölzeitalter in Bezug auf die Wohnproblematik ableiten kann, gibt es leider nicht. Im Gegenteil: Wohnimmobilien werden immer stärker zum Spekulationsobjekt, egal ob reiche Familien aus Ölförderländern oder wohlhabende IT-Millionäre mit ihrem Geld involviert sind.

Es muss also darum gehen, den sozialen Ausgleich in Gänze zu organisieren, zu verhindern, dass die Einkommensschere immer weiter auseinandergeht, damit boomende Regionen nicht zu Elite-Ghettos werden. Um wenigstens ansatzweise einen Ausgleich zu schaffen, gibt es in fast allen Ländern der Welt eine Steuer auf Öl. In manchen Ländern ist sie höher, in anderen niedriger. Selbst in den USA gibt es eine Steuer, einen fixen Bundesanteil und einen individuellen Steuersatz in jedem Bundesstaat. Die Einnahmen belaufen sich auf rund 35 Milliarden Dollar. In Deutschland sind die Steuern deutlich höher. Hier wurde die Mineralölsteuer von der Energiesteuer abgelöst. Deren Aufkommen beläuft sich auf fast 40 Milliarden Euro pro Jahr. Diese Einnahmen sind in Deutschland nicht primär für Straßenbau oder ähnliche Infrastrukturausgaben gedacht, sondern sie fließen in den allgemeinen Staatshaushalt. Damit werden die Mittel genutzt, um die unterschiedlichsten staatlichen Aufgaben zu finanzieren. Durch den sinkenden Ölkonsum in den kommenden Jahrzehnten wird auch das Aufkommen aus dieser Steuer nach und nach geringer. Wie man diese Einnahmen kompensieren will, diese Frage steht noch im Raum. Überlegt wird, auf Daten, Datenflüsse, Datenspeicher, Rechenoperationen oder Roboter entsprechende Steuern und Abgaben anzuwenden, zum Beispiel, um das Sozialversicherungssystem mitzufinanzieren. Klar ist, je wichtiger digitale Daten werden, desto wichtiger wird die Frage einer direkten oder indirekten Besteuerung werden. Zu Recht. Denn die sozialen Umbrüche, die wir in den kommenden Jahrzehnten erleben werden, werden mit Kosten verbunden sein: ob für Weiterbildungen und Umschulungen oder für den Erhalt des Sozialversicherungssystems, das in Deutschland bislang vor allem aus dem Arbeitseinkommen finanziert wird. Natürlich ist eine regelrechte Verbrauchssteuer wie beim Öl nur schwer umsetzbar, da der Datenfluss tendenziell global organisiert ist. Dennoch müssen solche Konzepte geprüft werden. Und es geht dabei nicht nur um Staatseinnahmen, sondern auch um die soziale Gerechtigkeit. Wenn wir es nicht schaffen, den Reichtum, der sich aus der Datenverarbeitung und Digitalisierung ergibt, sozial gerecht zu verteilen und gleichzeitig einen handlungsfähigen Staat durch angemessene Finanzierung zu erhalten, werden gesellschaftliche Konflikte zunehmen. In San Francisco wurden vor einigen

Jahren die Busse, die die Mitarbeiter von großen Firmen wie Google oder Facebook in die Hauptzentralen nach Mountain View oder Menlo Park bringen, über Monate von Aktivisten mit Steinen beworfen.

Es geht bei der Herstellung sozialer Balance nicht nur um die Auswüchse auf dem Lohnsektor, sondern um Teilhabe und Aufstiegsmöglichkeiten generell. Wenn in dreißig Jahren die entscheidende Frage sein wird, kann jemand programmieren oder nicht, und dies über Arbeitslaufbahnen entscheidet, wird dies zu einer Spaltung der Gesellschaft führen, wie es sie in den letzten 150 Jahren noch nicht gegeben hat, da zeitgleich bestimmte Berufsfelder aufgrund der technologischen Entwicklung mit Digitalisierung, Vernetzung und Automatisierung verschwinden. Oder denken wir an die kommende Verbreitung von Expertensystemen: Welchen Menschen wird es gestattet sein, die automatisierten Entscheidungen infrage zu stellen und eigene Entscheidungen zu treffen, und welchen Menschen wird lediglich ein passive Rolle zugewiesen oder die Rolle der menschlichen Aufsicht über diese Systeme? Ist der Mensch dann nur noch der Assistent der Technik, so wie die Technik in den vergangenen zweihundert Jahren der Assistent für den Menschen war?

Dem Staat kommt hier neben den Unternehmen eine entscheidende Verantwortung zu, diesen Veränderungsprozess zu gestalten, soziale Spannungen zu mildern, internationale Steuerschlupflöcher – wie früher bei den großen Ölkonzernen, so heute für die Daten- und IT-Konzerne – zu schließen. Norwegen kann uns hier als Vorbild dienen. Das Land setzt seine Gewinne aus der Nordseeölförderung gezielt für langfristige Investitionen für alle Menschen im Land ein. Der staatliche Öl- und Pensionsfonds ist Hunderte Milliarden Dollar schwer, und dass bei einer Bevölkerung von etwas über fünf Millionen Menschen.

Die politische Gestaltung dieses Veränderungsprozesses muss auf objektiven wissenschaftlichen Erkenntnissen beruhen und nicht auf einem subjektiven Bauchgefühl. Deshalb müssen die Veränderungen auf dem Arbeitsmarkt, die Bedeutung von Arbeit in der Gesellschaft an sich und auch die ethischen Fragen zum Verhältnis von Technik und Mensch umfassend und interdisziplinär wissenschaftlich begleitet werden. Derzeit findet dies zu wenig statt.

Wie Fortschritt und Innovationen unsere Gesellschaft beeinflussen

Wenn es um Neuerungen im IT-Bereich geht, sprechen wir in der Regel von Innovationen. Wenn es um die Veränderungen geht, die mit der Nutzung des Erdöls einhergingen und noch -gehen, ist hingegen eher von Fortschritt die Rede. Ich frage die Politikwissenschaftlerin Jeanette Hofmann, wie sich diese Begriffe unterscheiden: »Der Unterschied liegt nicht in den Begriffen selbst, sondern er liegt darin, wie wir sie nutzen und wann wir sie nutzen. Fortschritt war der Begriff, der dominiert hat bis in die siebziger Jahre. Fortschritt hatte in unserem gesellschaftlichen Gebrauch in Deutschland etwas Breites, weil es nie allein um Technik ging, sondern vor allem um gesellschaftlichen Fortschritt. Im Sinne von ›Wir alle bewegen uns nach vorne‹ statt: ›Hier ist ein Bereich, der sich bewegt, und der Rest muss sich entscheiden, ob er mitzieht oder nicht.‹ Es ging um Fragen: Wie viele unserer Kinder machen eine Ausbildung? Wie viele unserer Kinder gehen aufs Gymnasium? Wie verändert sich die Einkommenssituation der Arbeiter? Innovation ist erst in den siebziger Jahren wirklich im deutschen Sprachgebrauch aufgekommen und wird viel stärker in Bezug auf Technik genutzt.«

Öl war in diesem Sinne also entscheidend für den Fortschritt, weil er nicht allein die Mobilität betraf oder allein die Medizin oder ausschließlich den Konsum. Dies galt und gilt für die westlichen Länder. In vielen Erdölstaaten hat dieser Fortschritt noch immer nicht stattgefunden. Joel Beinin erzählt mir die Geschichte einer Studentin aus Saudi-Arabien, die bei ihm im Kurs saß und im Jahr 2015, nach dem Wechsel des Königs, die Hoffnung formulierte: »Vielleicht lässt er uns Auto fahren.« Wenn das der Horizont für gesellschaftlichen Fortschritt und für Demokratie ist, dann ist dieser sehr begrenzt. Ich frage den Historiker nach einer möglichen gesellschaftlichen Öffnung im Nahen und Mittleren Osten, doch Beinin ist skeptisch: »Ich kenne kein Land, in dem Öl der ausschlaggebende Faktor für die gesellschaftliche Öffnung war, damit das Land kulturell kosmopolitischer, demokratischer und in Bezug auf Religionen toleranter wird. Die Regierungen, Herrscherhäuser, Ölkonzerne, und selbst der amerikanische Staat, wenn er ein Partner dieses Landes ist, sie alle haben kein Interesse daran, dass eine solche Öffnung stattfindet. Nur der Großteil der Bevölkerung in diesen Ländern wünscht sich eine solche Öffnung, aber sie können leicht ›gekauft‹ werden, da die Herrschenden reich genug sind, dies zu tun.«

Auch im Bereich der Digitalisierung gibt es die Tendenz, eine Demokratisierung, also eine Öffnung für alle, zu verhindern. Dies findet insbesondere in Staaten statt, wo Zensur und Einschränkungen der Menschenrechte täglich vorkommen, aber nicht nur in diesen Ländern. So wäre es etwa dringend wünschenswert, den Menschen die nötigen technischen Fähigkeiten beizubringen, damit sie sicher digital kommunizieren können, aber Bemühungen in dieser Richtung stoßen schnell auf Widerstände. Offensichtlich kollidiert hier das öffentliche Interesse mit staatlichen Ermittlungs- und Überwachungsinteressen. Denn ein zu wirksamer Eigenschutz der digitalen Daten und Systeme der Bürger durch Verschlüsselung steht dem Wunsch nach technischen Hintertüren und staatlichem Eindringen in diese Systeme entgegen. Auch Unternehmen wittern in der digitalen Selbstbestimmung der Menschen eine Gefahr. In der Tat würden wohl viele Anbieter von IT-Lösungen sich nach neuen Geschäftsideen umsehen müssen, wenn die Menschen selber in der Lage wären, ihre digitalen Daten wirksam zu schützen und zu kontrollieren und Grundkenntnisse hätten in Sachen Datentransport, wenn sie etwa selber einen Mailserver administrieren oder eine verschlüsselte Datenübertragung einrichten könnten.

Zu wahrem Fortschritt wird es im 21. Jahrhundert aber nur kommen, wenn die technischen Innovationen allen zugänglich wären. Hier muss die Politik ansetzen. Jeanette Hofmann ist immer wieder irritiert über die Diskussion zu dieser Entwicklung. »Wenn wir über die sich digitalisierende Gesellschaft reden, tun wir immer so, als sei die Technik ein autonomes Fahrzeug, das sich von selbst vorwärtsbewegt. Das ist aber nicht so. Es ist nicht die Technik, die hier der Fahrer ist. Wir als Gesellschaft fahren, und wir können jederzeit eingreifen und irgendetwas anders machen, wenn wir denn wollen.«

Ich spreche über dieses Thema auch mit Heinz Bude. Der Soziologe von der Universität Kassel ist Anfang sechzig. Auch er sieht den Unterschied von Fortschritt und Innovation. »Öl ist eine Fortschrittskategorie, ein Fortschrittsstoff. Öl ist ein Freiheitsstoff in dem Sinne, dass Menschen sich neu bewegen konnten, andere Arbeitsplätze annehmen konnten, Mobilität wurde ermöglicht. Der Begriff der Innovation, der ist zentral für die ganze Datenfrage, es ist eine Veränderung ohne Fortschrittsvektor. Das unterscheidet Fortschritt von Innovation. Wir reden heute über Daten in einer reinen Innovationslogik. Nicht in einer Fortschrittslogik.«

Wir kommen auf die Disruptionskraft von Daten und Öl zu sprechen, also auf die Tatsache, dass mit dem Ölboom das Ende von ganzen Berufssparten eingeleitet wurde, so wie wir es ähnlich auch im Zusammenhang mit Robotik und künstlicher Intelligenz erwarten.

Bude geht davon aus, das die Daten-Disruption zu einer gewissen Panikreaktion führt. Die Menschen werden sich sagen: »Wer da nicht mitmacht, ist verloren.« Er sieht Zwänge aufkommen, die aus dieser

Innovationslogik entstehen. Das sei dann nicht mehr die Freiheit, wo man selber entscheidet, ob man es will, sondern ein Zwang, was man machen muss. Dies sei der Unterschied zwischen den Verheißungen des Ölzeitalters und den Innovationen des digitalen Zeitalters. Denn die Digitalisierung findet bereits in einer Sphäre der Ernüchterung statt. Laut Bude hat »die Zukunft der Öffnung gewissermaßen schon eine depressive Seite inne. Die muss nicht erst entdeckt werden, die ist von Anfang an da. Und um diesen Zwang aufzubauen, spricht man davon, dass die einen innovationsfreundlicher sind als die anderen und damit mutiger sind. Es geht dann um Mut und Kleinmut. Aber es geht nicht um Freiheit.«

Bude spricht von dem Zwang, der ausgeübt wird, sich den digitalen Innovationen nicht zu widersetzen, sondern mitzumachen und am besten vorne mit dabei zu sein, sich auf die Veränderungen einzulassen, Gewohntes aufzugeben. Für ihn hat dies einen Drohaspekt, denn die Fragen an den einzelnen lauten: »Hat man den Mut? Ist man bereit, der Zukunft in die Augen zu sehen, oder will man sich illusionär, protektionistisch in eine schöne Vergangenheit zurücksehnen?« Bude vergleicht dies mit den Siedlern im 19. Jahrhundert in den USA. »Ganz viel von unseren Vorstellungen eines guten Lebens möglicherweise lassen zu müssen, um sich in dieser Frontiers-Erfahrung bewähren zu können. Der Datenbegriff scheint anders als der Ölbegriff ein Bewährungsbegriff zu sein. Es stellt Bewährungsfragen für Gesellschaften. Können Gesellschaften sich bewähren oder nicht.«

Diese Spannungen sind bereits Thema aktueller politischer Diskussionen. Es werden Datenreichtum und Datenarmut gegenübergestellt. Datenreichtum als Chiffre für geringe Regulierung, für freien Fluss der Daten, mit dem Ziel, Vorgaben und Kontrollen klein zu halten. Datenarmut dagegen als eine Welt, in der radikale Datenschützer mit dem Schlagwort von der sogenannten »Datensparsamkeit« gesellschaftliche und wirtschaftliche Modernisierungsprozesse behindern oder sogar unmöglich machen. Doch zwischen diesen Extremen gibt es einen Mittelweg, den Schutz der Privatsphäre der Menschen zu erhalten und technische Innovationen zu fördern. Ihn zu ermitteln ist die große Aufgabe, die vor uns liegt. Die Geschwindigkeit der Veränderung löst bei vielen Menschen ein Ohnmachtsgefühl aus. Dieses Gefühl – die Angst, »abgehängt zu werden« – darf uns nicht leiten und zur Blockade von allem Neuen führen. Vielmehr wäre eine gewisse Gelassenheit gefordert – in der öffentlichen Diskussion ebenso wie in unserem täglichen Umgang mit Daten. Darum ist es gut, Prozesse der Veränderung auch zu stoppen, abzuwägen und Kritik als konstruktive Hinweise aufzunehmen, um es dann besser zu machen. Das kann bei ganz banalen Dingen beginnen. Man kann sich entscheiden, *weniger* soziale Medien zu nutzen, oder sein Haus nicht *komplett* digital zu vernetzen. Die Digitalisierung darf nicht zur Zwangsveranstaltung werden. Wir müssen uns auch in Zukunft entscheiden können, *nicht* die Möglichkeiten der Biotechnologie zu nutzen, um unsere Gesundheit zu optimieren, oder *nicht* unseren Körper mittels Gen-Analyse auf potenzielle Krankheiten untersuchen zu lassen. Statt Angst zu haben, den technologischen Anschluss zu verpassen, müssen wir als Gesellschaft auch erwägen können, uns klar gegen neueste Überwachungstechnologien zu wenden. Nur weil eine Entwicklung technisch möglich ist, muss sie nicht auch realisiert werden. Eine Gesellschaft kann frei und sicher leben *ohne* allgegenwärtige intelligente Videoüberwachung, die in wenigen Jahren Verhalten und Stimmungen feststellen kann und Menschen aus Dutzenden Metern einwandfrei identifiziert. Wir können gut leben *ohne* riesige DNA-Datenbanken von jedem einzelnen Bürger.

Eine gelassenere Haltung ergibt sich automatisch, wenn man erst einmal zu der Einstellung gelangt ist, dass nicht jede Innovation mitgemacht werden muss, sondern dass wir bewusst Entwicklungen ablehnen können. Diese Haltung darf andererseits selbstverständlich nicht dazu führen, dass wir vor der neuesten Technologie die Augen verschließen. Die Digitalisierung schreitet voran, niemand wird sie aufhalten, doch wir können und müssen diesen Prozess nach unseren Bedürfnissen gestalten und den Einsatz neuer Angebote in einem offenen gesellschaftlichen Diskurs abwägen.

Und wie sehen diese Bedürfnisse aus?

Betrachten wir einmal den städtischen Raum. Unsere Städte sind geprägt sowohl vom Öl als auch von Daten. Der Gedanke der autogerechten Stadt hat jahrzehntelang die Stadtplanung dominiert, insbesondere in den USA wurden Städte vom Auto her gedacht. In den europäischen Städten war dies nicht immer möglich. Viele Städte sind in Jahrhunderten gewachsen, es gab bereits Strukturen für den öffentlichen Verkehr, zum Beispiel auf der Schiene. Aber auch hier wurden immer wieder ganze Stadtviertel durch breite Straßen ersetzt. Heute freut man sich, wenn dies nicht der Fall ist, wenn historische Stadtkerne erhalten sind. In den USA kam noch die Kultur der Vororte dazu, mit riesigen Pendler-Highways, um sie mit Zentren zu verbinden. Mit dieser Planungspolitik wurde das Versprechen des Eigenheims für die Masse ermöglicht. Der technologische Fortschritt prägte das stadtplanerische

Lebensumfeld der Menschen in den vergangenen hundert Jahren, ob es ihnen nun gefiel oder nicht.

Ich treffe mich mit Kent Larson. Er ist Leiter der »City Science Initiative« am MIT MediaLab in Cambridge, Massachusetts. Für ihn haben »billiges Öl und viele Autos die Städte disfunktional« gemacht. Er hofft, dass durch Daten und Digitalisierung sowie durch geteilte und autonome Mobilität dieses Problem behoben wird, dass »die Menschen die Städte von den Autos zurückerobern«.

Bei der Digitalisierung werden bislang die gleichen Fehler wie vor sechzig oder achtzig Jahren beim Auto gemacht. Die Planung richtet sich vor allem nach den technischen Möglichkeiten und zu wenig nach den Bedürfnissen der Menschen. Die Smart City, die »intelligente Stadt«, soll der zunehmenden Verstädterung und den aufkommenden Problemen von riesigen Metropolregionen entgegenwirken. Eine umfassende Vernetzung und Sensorik soll Problemen wie Stau, Lärm, schlechter Luft, aber auch Kriminalität, sozialen Spannungen und Armut entgegenwirken. Technisch gibt es bereits jede Menge Möglichkeiten. Sensorik kann Verkehrsflüsse digitalisieren und damit lenken. Denkbar sind punktuelle Ampelschaltungen, Öffnung und Schließung von Straßen, Fahrverbote bei Luftverschmutzung, stundengenaue Tempolimits, um

Lärm und den Verkehrsfluss zu optimieren und damit allen Verkehrsteilnehmern – Fußgängern, Radfahrern, Autofahrern – das gleiche Recht einzuräumen.

Die amerikanisch-niederländische Soziologin Saskia Sassen beschäftigt sich seit langer Zeit mit den gesellschaftlichen Veränderungen in Städten durch die Globalisierung. Ihre Arbeiten haben sie weltweit bekannt gemacht. Ich treffe mich mit ihr an einem Sonntagabend in einer Hotelbar in Berlin, wo sie am kommenden Tag einen Vortrag halten wird. Sie ist fast siebzig Jahre, doch nach wie vor kämpferisch. Sie hält nicht viel von der IT-Branche. »Ich bin auf dem Kriegsfuß mit gewissen Tech-Unternehmen. Sie klopfen an die Türen der Stadtverwaltungen und zeigen denen irgendwelche tollen neuen Möglichkeiten, und die sind dann begeistert und kaufen das Konzept. Die Stadtverwaltungen müssen wieder ihre Hausaufgaben machen, Probleme erkennen, Bedarf analysieren und dann schauen, ob Technologie dabei helfen kann. Mit diesem Wissen kann man dann zu den Unternehmen gehen. Aber zuerst muss man wissen, was man lösen möchte. Damit setzt man dann auch die Unternehmen unter Druck, weil sie mit dieser Forderungshaltung oft überfordert sind.«

Dabei ist Saskia Sassen alles andere als technologiefeindlich. Sie will nur den Menschen und die Probleme der Menschen in den Mittelpunkt jeder Städteplanung rücken. Für sie bietet die Digitalisierung große Chancen. Zum Beispiel bei der Entwicklung von »offenen Nachbarschaften«. Darunter versteht sie eine neue Form der Nachbarschaftshilfe durch den gezielten Austausch von Wissen und Erfahrungen. Sie nennt als Beispiel die Situation von Einwanderern in New York. »Sie bringen oft spezielle Fähigkeiten mit, waren in ihrer Heimat vielleicht Ärzte oder Anwälte. Jetzt müssen sie als Reinigungskräfte arbeiten. Es wäre doch großartig, wenn man dieses Können in einer Nachbarschaft mittels einer App miteinander teilen könnte, wo ansonsten die Ärzteversorgung schlecht ist oder viele Menschen sich keinen Anwalt leisten können.«

Öl brachte die autogerechte Stadt. Daten können die menschengerechte Stadt bringen. Die vernetzte und zugleich offene Stadt, mit der sich die Menschen identifizieren, weil sie an ihren Bedürfnissen ausgerichtet ist. Denn, wie bereits gesagt, die Gestaltung der Digitalisierung ist eine Aufgabe, der wir uns annehmen müssen, um den Zusammenhalt zu stärken. Es muss ein Fortschritt sein, von dem alle Menschen profitieren, weil Reichtum gerechter verteilt ist und wir die zukünftige Arbeitswelt inklusiv gestalten und Menschen sich nicht abgehängt fühlen.

5. Sicherheit

Als ich zum ersten Mal Bilder von einem aktuellen Krieg sah, war ich sechs Jahre alt. Das war 1991, und die Fernsehbilder zeigten brennende Ölquellen in Kuwait. Öl war nicht der einzige Grund, aber vermutlich einer der wichtigsten, weshalb eine internationale Koalition, angeführt von den USA, in den Krieg zog, um Kuwait zu befreien und gegen den Irak zu kämpfen. Öl und Krieg hängen im 20. Jahrhundert sehr eng zusammen. Es war für die westlichen Nationen entscheidend, den Zugang zu Ölvorräten zu sichern, wichtige Transportrouten wie den Suezkanal offen zu halten, die verbündeten Staatschefs militärisch oder durch Geheimdiensttätigkeit zu unterstützen und die Staaten des Ostblocks von relevanten neuen Ölquellen außerhalb ihres bestehenden Einflussbereiches fernzuhalten.

Volker Perthes ist Direktor der Stiftung Wissenschaft und Politik. Er ist Experte für den Mittleren und Nahen Osten und aktuell eng in die Friedensverhandlungen in Syrien eingebunden. Syrien ist kein wesentliches Ölexportland, die Hochzeit des Ölexports ist vorbei, die bekannten Ölvorräte begrenzt, und in einigen Jahren muss Syrien Öl importieren. Seit dem Krieg in dem Land ist die Ölförderung zurückgegangen. Öl ist kein Auslöser für den Krieg in Syrien, auch wenn sich im Internet Verschwörungstheorien zuhauf finden, die von angeblichen neuen Ölvorräten sprechen, die mit Kriegsursache seien.

Auch wenn Öl nicht der Auslöser war, spielt es im Konflikt in und um Syrien eine Rolle. Das Geld, das aus den großen Ölexportländern, wie Kuwait oder Katar, fließt, heizt den Krieg immer wieder an. In Form von Spenden werden die verschiedenen Kriegsparteien unterstützt. Es finden regelrechte Fundraising-Veranstaltungen statt, berichtet Perthes.

Auch für die Mikroökonomie des sogenannten Islamischen Staats spielt Öl eine Rolle. Öl ist eine der Haupteinnahmequellen der Terrororganisation. Der große Vorteil von Öl ist, dass es relativ leicht zu transportieren ist, in Fässern, auf Lkws, als Schmuggelware. Das wurde Anfang der neunziger Jahre in Russland so praktiziert und jetzt auch in Syrien.

Aber die Zeiten, in denen man wegen Öl in den Krieg zog, sind laut Volker Perthes vorbei: »Heute wird keiner mehr wegen Ölquellen im Nahen und Mittleren Osten intervenieren.« Öl ist nur noch in wenigen Regionen der Welt ein Konfliktfaktor, wie etwa zwischen dem Sudan und Südsudan.

Technologische Innovationen, insbesondere Fracking als neue Fördermethode, führen dazu, dass Öl nicht länger ein globaler Konfliktfaktor ist. Die Monopolstellung der OPEC ist längst gebrochen, davon ist Volker Perthes überzeugt. Das Interesse der USA an den globalen Ölvorräten ist gesunken, da auf einmal wieder genug heimisches Öl mittels Fracking gefördert werden kann, wenn die Marktlage und der Ölpreis es zulassen.

Die Abhängigkeit vom Öl währte etwa vierzig Jahre, seit die USA vom Ölexporteur zum Ölimporteur wurden. Ab 1973 war der Export aus den USA sogar untersagt. Eine entscheidende Rolle spielte in dieser Zeit die OPEC. Die Organisation erdölexportierender Länder wurde 1960 gegründet und hat ihren Sitz in Wien. Daneben gibt es die OAPEC, die Organisation der arabischen Erdöl exportierenden Staaten, die mittlerweile verstärkt eine koordinierende Rolle bei technischen Angelegenheiten im arabischen Raum einnimmt, anders als im Jahr 1973, als sie zum Ölboykott gegen den Westen aufrief infolge des Jom-Kippur-Kriegs. In der Macht der OPEC liegt es, durch die Kontrolle von Fördermengen den Ölpreis beeinflussen zu können. Darin wurde sie unterstützt von globalen Ölfirmen, die ein Interesse daran hatten, höhere Gewinne zu erzielen, und die Preissteigerung gern auf die OPEC schoben. Mittlerweile ist die OPEC so zerstritten, dass sie kaum noch handlungsfähig ist. Doch nach der ersten Ölkrise 1973 fühlte sich der Westen politisch und wirtschaftlich von der OPEC unter Druck gesetzt. Die Außen- und Sicherheitspolitik stand ganz im Zeichen des Öls. Die Nachbarschaftspolitik der USA mit einigen Staaten im Nahen und Mittleren Osten, etwa mit Saudi-Arabien, ist hierfür das beste Beispiel. Seit Beginn der dreißiger Jahre hatten US-Ölfirmen versucht, in Saudi-Arabien Öl zu finden. Die geologischen Bedingungen schienen optimal, doch lange fand man nichts. Aufgrund der steigenden Kosten schlossen sich mehrere Firmen zur ARAMCO zusammen, der Arabian-American Oil Company. Der Historiker Joel Beinin stellt den Einfluss von ARAMCO auf die Region wie folgt dar: »Es gab keinen saudi-arabischen Staat vor ARAMCO. ARAMCO baute den Staat Saudi-Arabien auf, und es war denen egal, ob es eine absolute Monarchie aggressivster Art war. ARAMCO hat dies in vielerlei Hinsicht erst ermöglicht.«

Seit dem Ende des Zweiten Weltkriegs gibt es eine politische und vor allem sicherheitspolitische Partnerschaft zwischen den USA und Saudi-Arabien. Die USA und amerikanische Ölunternehmen waren an den schier grenzenlosen Ölvorkommen Saudi-Arabiens interessiert, und Saudi-Arabien brauchte die Einnahmen aus dem Ölgeschäft und vor allem die Sicherheitspartnerschaft der USA, die sich auch noch heutzutage in milliardenschweren Rüstungsexporten widerspiegelt. Die Staatseinnahmen aus Öl stiegen von einigen Millionen Dollar im Jahr auf dann über hundert Milliarden Dollar einige Jahrzehnte später. Diese Partnerschaft zwischen einer traditionell geprägten islamischen Gesellschaft und der Weltmacht USA war von Anfang an von Spannungen geprägt. Die Ölarbeiter aus den USA wohnten in abgeriegelten Wohnanlagen, wo sie ihr westliches Leben lebten. Zu Beginn durften sie sogar öffentlich Alkohol trinken. Hier wurden aber bald Beschränkungen eingeführt. Viele Menschen in Saudi-Arabien lehnen auch heute noch die amerikanische Militärpräsenz im Land ab. Auch wenn der Vorteil der USA zu Beginn der Zusammenarbeit in den dreißiger und vierziger Jahren war, dass sie anders als europäische Staaten keine koloniale Tradition und vor allem keine kolonialen Interessen in der Region hatten, ist der kulturelle Grundkonflikt bis heute nicht überwunden.

Besonders zu Beginn der Zusammenarbeit im Nahen und Mittleren Osten machten die US-Ölfirmen keinerlei Anstalten, die nationalen Gesetze und kulturellen Traditionen zu respektieren. Sie verstanden sich als exterritoriale Akteure. Die Gegenreaktion blieb nicht aus. ARAMCO wurde in den siebziger Jahren verstaatlicht und später in Saudi Aramco umbenannt. Heutzutage gilt Saudi Aramco als das wertvollste Unternehmen der Welt. Da es nicht an der Börse gelistet ist, kann man den Wert nur schätzen. Man geht jedoch von etwa zwei Billionen US-Dollar aus. Das ist mehr als das Doppelte des Wertes des aktuellen wertvollsten Börsenunternehmens, Apple.

Neue Machtstrukturen entstehen

Kulturelle Konflikte dieser Art sind nicht nur rechtliche Konflikte, sondern meistens auch moralische Konflikte. Es geht um die Anerkennung der jeweiligen Sitten und kulturellen Traditionen und nicht zuletzt um Respekt. Konflikte dieser Art bestimmen auch unsere Datenwelt. Auch hier ist ein großes Konfliktpotenzial vorhanden. Ich denke etwa an das rigorose Vorgehen von Facebook gegen Nacktheit, wo das Bild einer stillenden Frau schnellstmöglich aus dem Netzwerk verschwindet, während aggressive Hetze gegen Ausländer oder andere Minderheiten oft genug unbeanstandet bleibt. Dieser kulturelle Konflikt führt zwangsläufig zu Spannungen, in Gesellschaften ebenso wie zwischen staatlichen Stellen und den Unternehmen.

In der Ölwirtschaft kam es zu Gewalttaten gegen ausländische Firmen, zum Beispiel wiederkehrend in Nigeria, aber auch in Nordafrika. Die meist nicht-demokratischen Erdölnationen sahen sich zunehmend mit Druck aus der eigenen Bevölkerung konfrontiert, entschiedener gegen ausländische Ölfirmen vorzugehen, um die nationale Souveränität über den Rohstoff durchzusetzen. Infolgedessen nahmen die Forderungen nach höheren Gewinnanteilen als Zahlung für das Recht auf Förderung immer mehr zu. Bis zur vollständigen Verstaatlichung der Ölwirtschaft – aus finanziellen Gründen und aus Sicherheitsgründen, aber auch, um weiteren Konflikten aus dem Weg zu gehen – war es dann nur noch ein kleiner Schritt.

Das Konfliktpotenzial in der Datenwelt betrifft besonders den Umgang mit nutzergenerierten Inhalten, und dieser Konflikt ist nicht beschränkt auf die Konfrontation in nichtdemokratischen Ländern. Seit längerem ist zu beobachten, wie auch in demokratischen Ländern Unternehmen wie Facebook, Google und andere unter Druck geraten, auf »Hasskommentare« und »Fake News« strenger zu reagieren, lokale und regionale Gesetze effektiver zu befolgen. Facebook in Europa ist nicht ARAMCO in den fünfziger Jahren, aber man kann ein gemeinsames Verlaufsmuster erkennen: Mit der Zeit nimmt der Druck auf die Unternehmen immer mehr zu, schließlich werden politische Veränderungen vorgenommen, doch der Grundkonflikt bleibt. Wie dieser Konflikt zu lösen ist, wird noch diskutiert. Soll man Unternehmen wie Facebook stärker regulieren? Soll man sie zu höheren Strafen verurteilen? Oder soll man Wettbewerbsverfahren initiieren, um regionale Monopole zu brechen, und in einer Art Gegenbewegung alternative Angebote fördern oder neu gründen? In Europa sind solche Bestrebungen, kontinentale Champions im IT-Bereich aufzubauen, in den letzten Jahrzehnten regelmäßig gescheitert.

Bei Öl ging es um Geld, um Machteinfluss in strategisch wichtigen Erdregionen und um Einflussmöglichkeiten auf globaler Ebene. Diese Dimensionen sind heutzutage bei Daten noch nicht erreicht. Zwar lässt sich mit Daten bereits sehr viel Geld verdienen, die riesigen Unternehmensbewertungen sind aber vor allem eine Wette auf die Zukunft, wenn es nicht darum geht, Daten für Online-Werbung zu nutzen oder für individuelle Profile von Verbrauchern, sondern wenn die Verschmelzung von Daten und dem Alltagsleben zunimmt, im Gesundheitssektor, in der Arbeitswelt oder auch im Zusammenhang mit geopolitischen

Machtfragen. Im US-Wahlkampf 2016 konnte die Welt beobachten, wie der gezielte Abgriff von Daten und Informationen und die strategische Veröffentlichung dieser Daten Einfluss auf eine Präsidentschaftswahl hatten, Methoden, die auch schon in den Jahrzehnten vorher praktiziert wurden, in diesem Umfang aber eine neue Dimension erreichten. Der gezielte Einsatz von Daten wird möglicherweise zu *dem* geopolitischen Machtinstrument im 21. Jahrhundert werden. Die Kontrolle des Ölflusses durch die entsprechende Infrastruktur hat im 20. Jahrhundert gezielt Einfluss genommen auf die Außen- und Wirtschaftspolitik. Heute geschieht dies durch die Kontrolle des Datenflusses.

Fluss der Daten

Was bei Öl die Pipelines sind, sind bei Daten die Seekabel und Netzwerke. Was bei Öl die Häfen und Tankerflotten sind, sind bei Daten die großen Netzwerkknoten. Was bei Öl die Raffinerien und Chemieparks sind, sind bei Daten die Daten- und Rechenzentren. Der großer Unterschied: Die Quelle des Öls befindet sich an wenigen Orten auf der Welt. Die Quelle der Daten, das sind wir alle, denn wir produzieren erst diese Daten. Deshalb ist die Dateninfrastruktur breitmaschiger verteilt als die zentralen Punkte beim Öl. Und trotzdem gibt es auch hier Gemeinsamkeiten: Wichtige Öltransportrouten und große Seekabel verlaufen oft parallel, denn der Aufbau globaler Internetinfrastruktur ist vor allem dem Geld gefolgt, und das war im 20. Jahrhundert vor allem an Öl gebunden.

Meine Recherchen führten mich zu einigen dieser Orte. Besonders fasziniert haben mich die Seekabel. Ein Stück eines solches Kabels liegt jetzt auf meinem Schreibtisch. Denkt man an Pipelines, denkt man an dicke Rohre, Durchmesser ein Meter oder mehr. Wie dick ein Seekabel ist, hätte ich nicht zu sagen gewusst. Mitten im Atlantik ist dies gerade einmal daumendick. Das Stück, das ich besitze – ein Andenken an meinen Besuch bei der Seekabelstelle Norden –, liegt in nicht so tiefem Nordseegewässer, wo die Gefahr durch Schiffsanker alltäglich ist. Dort ist das Kabel faustdick, und ein Stück von 20 Zentimeter wiegt gut ein Kilo, wegen der starken Schutzummantelung aus Metall.

Norden, 19. Dezember 2016

Das Wetter ist erstaunlich mild. Bei einem Spaziergang lasse ich mir Nordseeluft um die Nase wehen.

Norden befindet sich in Ostfriesland. Will man nach Norderney oder eine der Nachbarinseln, kommt man durch Norden. Laut Nachrichtenseiten, die sich auf Informationen des US-Geheimdienstes berufen, ist die Kleinstadt eines der Top-5-Anschlagsziele in Deutschland. Nach den Enthüllungen von Edward Snowden erhielt Norden internationale Bekanntheit. Verunsicherte Bürger sprachen bei der Bürgermeisterin vor. Der Grund für die ganze Aufregung ist das Seekabel, das in Norden an Land geht. »Transatlantic Telecommunication Cable No. 14« heißt es, kurz: TAT-14. Es verläuft in mehreren Segmenten mit jeweils eigenen Landestellen als Ring von hier in zwei Richtungen: Östlich geht es nach Dänemark und über Schottland dann nach Nordamerika. Nach Tuckerton, New Jersey, genauer gesagt. Westlich verläuft das Kabel mit Landestellen in den Niederlanden und Frankreich durch den Ärmelkanal nach Bude in Cornwall und von dort ebenfalls nach Tuckerton. Seit fünfzehn Jahren wird ein Teil der globalen Kommunikation über dieses Seekabel geleitet. Mittlerweile hat es eine Übertragungsrate von 3,2 Tbit/s. Um eine Vorstellung von dieser Datenmenge zu bekommen: Pro Sekunde kann der komplette Inhalt von 250 DVDs übertragen werden. Ein Seekabel benötigt Landestellen, wo das Kabel aus dem Meer kommt, wo Daten in das Landesinnere weitergeleitet werden, beziehungsweise umgekehrt: wo Daten gebündelt werden, um sie auf die Reise durch den Atlantik zu schicken.

Ein halbes Jahr stand ich mit der Deutschen Telekom in Kontakt, um einen Besuch zu organisieren. Als ich die Adresse, die man mir schließlich gab, aufsuchen wollte, dachte ich an einen Fehler. Ich hatte erwartet, dass sich die Landestelle irgendwo außerhalb der Stadt in einem Industriegebiet oder direkt hinter dem Nordseedeich befindet. Stattdessen laufe ich jetzt durch die Fußgängerzone, an einem kleinen Weihnachtsmarkt vorbei und biege am Marktplatz rechts ab. Von außen erkennt man es an einem etwas verschmutzten Schild der Deutschen Telekom. »Technikniederlassung« steht groß darauf. Nachträglich wurde ein Aufkleber »Seekabelendstelle« aufgeklebt. Nach dem Klingeln kommt ein Mann, um mir das Tor zu öffnen. Das graue Betongebäude aus den sechziger oder siebziger Jahren versprüht wenig Charme, die breiten Flure und orangenen Türen erinnern eher an ein Krankenhaus als an eine Hauptschlagader des globalen Datenkreislaufs.

Es geht tief in den Keller. Rund fünf Meter unter der Erde stehen wir in einem hohen Raum, in dem etliche dicke Kabel aus der Wand kommen. Es ist vor allem die lokale und regionale Netzinfrastruktur, die hier durchläuft. Immer mal wieder springt der Kompressor an, um Luftdruck in die Kabel zu pumpen, um den Druck auf den Kabeln aufrechtzuerhalten. Fast unscheinbar kommt an jedem Ende des rund zwanzig Meter langen Raumes das jeweilige Segment des TAT-14-Kabels an die Oberfläche: auf der einen Seite das westliche Kabel, das durch den Ärmelkanal geht, auf der anderen das nach Dänemark. Eine Milliardeninvestition, die hier zusammentrifft, dann aber wieder strikt getrennt im Haus verläuft, um das Risiko des Totalausfalls bei einem Brand oder einem anderen Notfall zu minimieren.

Es geht nach oben in den dritten Stock. Das Gebäude ist fast menschenleer. Nichts in dieser nüchternen Atmosphäre lässt an die glitzernde Daten- und Internetwelt da draußen denken, an die schicken und bunten Büros von Google in Berlin, die tollen Ausstellungsräume der Telekom in Bonn, die hippen Startups in anderen deutschen Großstädten. Und doch sind sie alle verbunden mit dieser »Seekabelendstelle« in Norden.

In den Fluren des Gebäudes hängen Bilder von der Kabelverlegung, Schiffen, Tauchrobotern, und von Reparaturarbeiten auf hoher See.

Auch im Seekabelgeschäft ändert sich die Technik rasant. Wo früher Dutzende Schränke mit Technik notwendig waren, reicht heute praktisch ein einziger. So wie die Übertragungsraten des Kabels zunehmen, lässt der technische Fortschritt den Platzbedarf schrumpfen. Das ist das Verblüffende an dieser Technologie: Die Kabel bleiben liegen, doch mit einem Upgrade steigert sich die Leistungsfähigkeit um ein Vielfaches. Seit dem Start von TAT-14 hat es bereits einige Upgrades gegeben. Das ist der große Fortschritt von Glasfasertechnologie, die Übertragungsmöglichkeiten sind nahezu unendlich. Entscheidend ist die Technik, die die Daten einspeist, und sind darüber hinaus die alle 50 bis 80 Kilometer ins Kabel integrierten optischen Verstärker, die eigens mit Strom versorgt werden. Fast 15000 Kilometer lang ist der TAT-14-Ring. In der Nordsee ist das Kabel zehnmal so dick wie im Atlantik. Und statt Hunderten Glasfasern gehen gerade einmal vier Paar durch das Kabel.

Die Führung endet in der »Kontrollzentrale«, einem Raum, in dem bis vor zwei Jahren im Schichtbetrieb vierundzwanzig Stunden am Tag, sieben Tage die Woche gearbeitet wurde, um bei einem Fehler an Land, in der Technik der Seekabelendstelle selber oder im schlimmsten Fall auf offener See schnell eingreifen zu können.

Im Kontrollzentrum sieht es wie im Computerraum meiner alten Realschule aus. Die Technik zur Datenübertragung wird regelmäßig upgegradet und ist damit auf einem aktuellen Stand. Im Kontrollzentrum wird das Management der Systeme betrieben, und die entsprechende Software ist teilweise Unix- basiert, andere läuft unter Windows XP. So stehen hier Computer mit Diskettenlaufwerk und Pentium-2-Aufkleber, und sie sind noch voll im Einsatz. Die zentrale Stelle in Frankfurt am Main übernimmt inzwischen die wesentliche Kontrollaufgabe, doch noch immer sieht man hier in Norden die entsprechenden Meldungen zum Zustand des Kabels, sieht Fehlermeldungen, auch von den anderen Landesstellen von TAT-14.

Einige Wochen vor meinem Besuch gab es ein Problem am Kabel. Eine massive Störung wurde gemeldet. Schnell war klar, dass sich die Fehlerquelle an Land befand. Rasch fand man die Ursache: Für den Aufbau eines Straßenschildes sollte ein Fundament gelegt werden, und der Bagger hatte das Kabel durchtrennt. Binnen sechs Stunden wurde es repariert.

Auch auf offener See kommt es immer wieder zu Problemen. Eine wesentliche Aufgabe, die in Norden geleistet wird, ist die Verständigung bei der Verlegung von Kabeln im Meer, nicht für die Internetübertragung, sondern für die Stromübertragung beim Anschluss neuer Offshore-Windparks. In einem Büro stapeln sich deshalb die nautischen Karten. Bis zu achtzig Windparks können in der Deutschen Bucht entstehen, in dem Gebiet, wo auch das TAT-14-Kabel verläuft. Es könnte zu Kabelkreuzungen kommen, und es muss geklärt werden, wer Vorrang hat und dass bei den Baumaßnahmen der Windparks auf See kein Schaden am Seekabel entsteht.

Ich erfahre bei meinem Besuch, dass die Deutsche Telekom früher viel intensiver im Seekabelgeschäft involviert war und dass der Standort Norden in den vergangenen Jahren eine umfassende Umstrukturierung durchgemacht hat. Statt wie früher eigene Anteile an Seekabeln zu erwerben und sich selber um die Ausschreibung und Planung der Neuverlegung von Seekabeln zu bemühen, kauft die Deutsche Telekom immer öfter Übertragungskapazitäten auf Seekabeln anderer Anbieter ein. Norden war einmal Kompetenzzentrum für Seekabel. Jetzt hat die Deutsche Telekom nur noch wenige Seekabel, und die Überwachung der Systeme läuft nicht mehr im Schichtbetrieb von Norden aus, sondern wird vom Fuße des Fernsehturms in Frankfurt gemanagt, wo die Deutsche Telekom ein Zentrum aufgebaut hat. Standen früher Versorgungssicherheit und Netzstabilität im Vordergrund bei der Investitionsplanung, sind es jetzt Übertragungszeiten und Kosten.

Es ist wie beim Öl: Die Rahmenbedingungen ändern sich dramatisch und damit die Prioritätensetzung. Denn auch in Zukunft wird die Kontrolle über die Infrastruktur entscheidend sein, sowohl bei den Daten als auch beim Öl. Bevor es für mich nach Norden ging, ging es wenige Wochen zuvor nach Wilhelmshaven. Hier wird entscheidend der deutsche Ölfluss kontrolliert, rund 20 Prozent des deutschen Ölverbrauchs gelangen über den Ölhafen in die Bundesrepublik. Von der millimeterdünnen Glasfaser geht es zu dicken Rohren und riesigen Öltanks, und beides ist gerade einmal 60 Kilometer Luftlinie voneinander entfernt.

Wilhelmshaven, 14. November 2016

Der Bahnhof von Wilhelmshaven ist ein Kopfbahnhof. Weiter geht es nicht, dann kommt nur noch das Meer. Beim Bahnhof nehme ich ein Taxi. Vorbei geht es am größten deutschen Marinestützpunkt, durch ein kleines Industriegebiet, an Wäldern entlang. Und dann sehe ich eine Landschaft mit vielen weißen Punkten vor mir. Die weißen Punkte werden im Näherkommen größer, und schließlich erkenne ich Dutzende von Öltanks. Der Ölhafen ist der Einzige seiner Art in Deutschland. Hier kommen jährlich 300 Tanker an, um rund 20 Millionen Tonnen Rohöl zu löschen. Das ist ein Fünftel des in Deutschland verbrauchten und verarbeiteten Öls. Betrieben wird die 170 Hektar große Anlage von der Nord-West Oelleitung (NWO). Typisches raues Küstenwetter weht mir mit Regen entgegen, als ich die Anlage erreiche.

Seit sechzig Jahren gibt es die NWO in Wilhelmshaven. Der Bau der Anlage war Symbol der Industrialisierung Wilhelmshavens, für eine Stadt, die bis dahin vor allem als Militärstandort für die Marine bekannt war.

Der Ölhafen ist ein festes Anlaufziel für den weltweiten Ölhandel. Das Öl wird zum Beispiel in Russland, dem Nahen Osten oder in der Nordsee gefördert und per Tanker nach Wilhelmshaven transportiert. Die Schiffe können über 300 Meter lang sein und 18 Meter Tiefgang haben. Es braucht Orte wie Rotterdam oder Wilhelmshaven, um das Öl der Tanker zu löschen, also vom Schiff in die Dutzenden Tanks zu pumpen, von wo aus es dann weitertransportiert wird.

Der Weitertransport geschieht per Pipeline. Vor allem in die Raffinerien Richtung Ruhrgebiet, aber auch in Richtung Hamburg. Gute drei Tage braucht das Öl, bis es von Wilhelmshaven in den Raffinerien in Gelsenkirchen oder Köln ankommt. Das entspricht etwa Schrittgeschwindigkeit. Anders als bei Daten, die in Lichtgeschwindigkeit durch die unterirdischen Netze unter dem Boden jagen, fließt das Öl eher gemächlich durch die Pipeline.

Bei der Fahrt über das riesige Betriebsgelände merkt man nichts von den Hunderttausenden Tonnen Öl. Man riecht es nicht, man sieht es nicht, das Einzige, was neben den riesigen Tanks eine Industrieanlage vermuten lässt, ist das gleichmäßige Surren der Pumpen, die das Öl entweder von einem Tank in einen anderen pumpen oder mit 60 Bar Druck durch die Pipeline in die Ferne schicken. Alles wirkt aufgeräumt und sauber. Bilder von ölverschmierten Arbeitern sind hier unbekannt. Die schmutzigste Arbeit ist die Reinigung der großen Tanks, die alle zehn Jahre im Rahmen der Instandhaltung vorgenommen wird und mehrere Wochen dauert. Dann wird tatsächlich mit dem Schutzanzug in die Tanks gestiegen, die Reste und Ablagerungen entfernt, um die Inspektion und Reparaturen vorzunehmen.

Die Größe der Anlage entspricht 250 Fußballfeldern. Die 35 Tanks haben ein Gesamtfassungsvermögen von 1,6 Millionen Tonnen Rohöl. Um diese Ölmenge zu transportieren, bräuchte man fast 50 000 Tanklastwagen. Je nach Marktpreis des Rohöls, kann das in Wilhelmshaven gelagerte Öl einen Marktwert von über einer Milliarde Euro betragen, abhängig von der Auslastung der Tanks.

Sicherheit wird verständlicherweise großgeschrieben. Direkt am Eingang steht ein großes Schild, das die Tage ohne einen Arbeitsunfall zählt. Der letzte ist über zwei Jahre her. Eine Putzkraft ist auf der Treppe ausgerutscht und hat sich den Knöchel verletzt.

Drei Tanker können zeitgleich am Ölhafen anlegen und gelöscht werden, tatsächlich legt im Schnitt aber ein Tanker pro Arbeitstag in Wilhelmshaven an. Die Prozedur, die weiterhin personalintensiv ist, von den Lotsen über die Hafenmannschaft bis zur Besetzung der Handvoll Schlepper, die im Einsatz sind, dauert rund 24 Stunden. Um rund um die Uhr einsatzbereit zu sein, wird im Schichtbetrieb gearbeitet. Dies gilt auch für die Fernsteuerzentrale der Pipeline und der Tanks. Zwei große Schreibtische mit jeweils vier Monitoren. Von hier aus wird die Anlage kontrolliert: die Tanklöschbrücke, die gute 600 Meter im Wasser liegt, die Tanks, die Temperaturen, der Druckverlauf des Öls in den zwei Pipelines. Seit fast 20 Jahren ist die Steuerungszentrale digitalisiert. Davor hingen hier noch große Steuerungswandtafeln, und die Nadeldrucker ratterten im Takt. Das Rattern der Drucker war so einprägsam, dass die Kollegen schon hören konnten, wenn es eine abweichende Auffälligkeit gab, erzählt mir einer der erfahrenen Mitarbeiter.

Doch ganz auf die Technik verlässt man sich auch heute noch nicht. Jede Stunde wird handschriftlich notiert, wie die aktuellen Lagerstände sind und wie viel Öl sich in den Pipelines befindet. Es geht schließlich um Millionen Euro, die hier stündlich hin und her gepumpt werden.

Kontrolle der Infrastruktur

Die Infrastruktur ist nach wie vor das Entscheidende. Daran hat sich in den letzten sechzig Jahren nichts geändert. Lediglich die Akteure sind andere geworden. Waren es früher bei den Seekabeln die großen nationalen Telefonanbieter, oft unter staatlicher Kontrolle, die diese Infrastruktur vorhielten, sind es jetzt neue Investoren und sogar datenverarbeitende Unternehmen. Jüngst haben Facebook und Microsoft angekündigt, in den Bau eines neuen Seekabels durch den Pazifik zu investieren. Es geht um Kontrolle, um Einfluss und um Versorgungssicherheit. Vor einigen Jahren wurde ein neues Seekabel zwischen New York und London verlegt, um bis zu sechs Millisekunden Zeit bei der Datenübertragung durch den Atlantik einzusparen. Entscheidende Millisekunden für Börsenhändler, die damit früher über Börsenkurse Bescheid wissen. Finanzunternehmen sprechen davon, dass eine Millisekunde Wissenvorsprung bis zu 100 Millionen Dollar Vorteil im Jahr bedeuten kann. Ein Grund, warum die Kunden das Fünfzigfache für die Anbindung über das neue Seekabel bezahlen. Die Anzahl von Punkt-zu-Punkt-Seekabeln könnte in Zukunft also zunehmen. Zu wichtig ist die Kontrolle dieser Infrastruktur, zu wichtig, als Erster an die gesendeten Daten heranzukommen. Gerade weil die Infrastruktur so wichtig ist, muss es eine öffentliche Kontrolle über sie geben, eine Möglichkeit der Regulierung.

Beim Öl gibt es auch neue Akteure auf diesem Feld. Früher wurde das Öl aus den großen Ölexportländern gefördert und dann wegtransportiert. Heute findet zunehmend eine Investition in die Infrastruktur statt, die großen Tankerflotten und Häfen sind oft unter Kontrolle von großen Ölexportnationen, und sie wollen auch mit riesigen petrochemischen Anlagen in der Heimat neue Einnahmequellen erschließen, Wissen und zukunftsfähige Arbeitsplätze aufbauen.

Bei BASF in Ludwigshafen herrscht der gleiche Gedanke vor. Man will an allen Stellen der Produktion, vom Rohstoff bis zur Veredelung, involviert sein. Das gelingt BASF mit der Öl- und Gastochter Wintershall, mit den eigenen Kraftwerken zur Strom- und Wärmeproduktion, mit eigenen Rohrreaktoren, den sogenannten »Crackern«, um die Produktionsstoffe zu erhalten. BASF ist ein integrierter Konzern.

Ähnliches kann man sich auch im Datenzeitalter

vorstellen. Unternehmen bieten nicht mehr nur softwarebasierte Services an. Schon heute offerieren Firmen wie Amazon, Google oder Microsoft erfolgreich enorme Rechen- und Speicherkapazitäten, die von vielen Großunternehmen aus der Internetbranche, aber auch anderen Industrien genutzt werden: Cloud-Computing. Google experimentiert in den USA mit Glasfaseranschlüssen für Endkunden sowie mit Mobilfunkangeboten. Man stelle sich vor, diese Unternehmen würden auch noch ein eigenes erdumspannendes Seekabelnetz aufbauen, eigene Infrastruktur für Mobilfunk. Denkbar wäre dies, durch Übernahme bestehender Unternehmen oder den Aufbau einer ganz eigenen Infrastruktur. Viele der großen Datenunternehmen und Tech-Unternehmen haben große Geldreserven, die man zukunftsfest anlegen will.

Schon vor über 100 Jahren haben Unternehmer wie die Rockefellers gezeigt, wie einflussreich und finanziell attraktiv die Kontrolle von Transport- und Infrastruktur ist, und in den letzten Jahrzehnten haben es die erdölexportierenden Länder vorgemacht. Etwas Ähnliches werden wir in den nächsten Jahren wohl auch bei Daten erleben, mehr private Kontrolle über die entscheidende Infrastruktur für die digitale Zukunft.

Ein neuer Riese steigt auf

Im Ölgeschäft waren es vor allem die Länder rund um den Golf, aber auch Libyen unter dem Diktator Muammar al-Gaddafi, die den Ölmarkt nachhaltig aufwühlten und die Verhältnisse ins Wanken brachten. Bei Daten und Digitalisierung werden sie es nicht sein. Europa steht dafür auch nicht in den Startlöchern, zu groß ist der Abstand, zu gering sind die Investitionen. Wenn es um Infrastruktur und die Verknüpfung mit neuen Angeboten geht, dann ist heute vor allem eine Nation dafür prädestiniert, den Markt umzukrempeln: China.

China hatte Mitte der achtziger Jahre begriffen, dass es die erste Welle der informationstechnischen Revolution verschlafen hat. Seitdem wird aufgeholt. »863« nennt sich das Programm, das den Startschuss dafür gab. Alles begann mit einem Brief führender Wissenschaftler an Deng Xiaoping, dem wichtigsten Politiker Chinas zu dieser Zeit, im März 1986 – daher der Name des Programms (86/3). Das ehrgeizige Ziel war es, auf dem Weltmarkt ganz oben mitzuspielen und sicherheitspolitisch bei diesen Zukunftstechnologien unabhängig zu werden. Es ging dabei nicht um eine einzelne Technologie, sondern um ein Bündel an

Technologien, wie Raumfahrt oder Informationstechnologie, und seit 1992 ist auch Telekommunikationstechnologie Teil des Programms. Und das ehrgeizige Projekt ist von Erfolg gekrönt. Nicht nur im Hinblick auf die Produktion von Hunderten Millionen Endgeräten jedes Jahr, die aus chinesischen Superfabriken kommen, wo bis zu 200 000 Arbeiter in einer Fabrikanlage arbeiten. China hat ein eigenes umfassendes Raumfahrtprogramm und besitzt die größten Supercomputer. Im Bündel aller Technologien hat China indes den Rückstand der vergangenen dreißig Jahre noch nicht vollständig aufgeholt. Das Land gibt zum Beispiel mehr Geld für den Import von Mikrochips aus als für den Import von Öl, obwohl China der größte Ölimporteur der Welt ist. Aus diesem Grund kaufen chinesische Unternehmen zunehmend Chip-Produzenten auf, um sich den Zugang und das Wissen einzuverleiben und auch hier die Abhängigkeit zu reduzieren.

Viele chinesische Unternehmen bieten mittlerweile gleichwertige Produkte und Lösungen an wie Weltmarktführer aus den USA oder Japan. Anbieter wie Huawei konkurrieren im Bereich Netzwerktechnologie mit Cisco und versuchen aggressiv neue Märkte zu erschließen. Andere Firmen wie ZTE oder Inspur erobern vor allem aufgrund des niedrigeren Preises neue

Märkte im Bereich Smartphones und Server. Tencent und Alibaba expandieren ihre Internetdienste. Auch wenn es bisher nicht mit einem komplett eigenen Betriebssystem geklappt hat, so ist Kylin zumindest ein gleichwertiges Linux-Betriebssystem, das in vielen Stellen der öffentlichen Verwaltung in China eingesetzt wird. Und so werden nach und nach Abhängigkeiten abgebaut, eigene Fähigkeiten ausgebaut und neue Märkte erschlossen. Die langfristige Strategie ist deutlich: Es geht um die Kontrolle im digitalen Datenökosystem, vom Chip über die Datenproduktion hin zur Speicherung und Verarbeitung der Daten und grundlegenden Fragen von Internetregulierung. Die erdölexportierenden Staaten ordneten in den sechziger und siebziger Jahren dem Ziel nationaler Souveränität über den Rohstoff Öl fast alles unter. Heute spricht China von nationaler Souveränität als zentralem Ziel, wenn es um Daten und Informations- und Kommunikationstechnologie und die Legitimation für ihre staatliche Zensur geht.

Die Fehler der aufstrebenden Erdölexportländer sollen dabei möglichst vermieden werden. Joel Beinin hat die Gefahren für die Ölindustrie wie folgt auf den Punkt gebracht: »Erstens muss ein Land sehr vorsichtig sein, wenn es darum geht, einem ausländischen Unternehmen oder einem anderen Staat die Kontrolle zu geben über eine Ressource, die entscheidend für die zukünftige Entwicklung des eigenen Landes ist. Zweitens, wenn das Land nicht die Technologie hat, um diese Ressource zu fördern, muss man zurückschalten und warten, bis man diese Möglichkeiten selber hat, damit die Menschen im eigenen Land die Kontrolle darüber behalten können, was mit der Ressource passiert. Und drittens darf man sich nicht auf einen Deal einlassen, der einen mit einem unfairen Anteil am Profit abspeist.«

Dies betrifft nicht nur das Öl, sondern spiegelt sehr gut das Vorgehen Chinas in den letzten 15 bis 20 Jahren in Bezug auf Daten und Digitalisierung wider. Statt wie andere Länder ganz vorne mit dabei zu sein, hat man immer wieder einen Gang zurückgeschaltet oder andere Unternehmen aus dem chinesischen Markt gedrängt, bis eigene Angebote existierten. Google hat sich 2010 aus dem chinesischen Markt verabschiedet, nachdem chinesische Stellen versucht hatten, den entscheidenden Google-Code zu stehlen, und die Vorgaben zur Vorzensur immer rigider wurden. Facebook ist bisher gar nicht aktiv in China. Stattdessen gibt es auf dem chinesischen Markt ernst zu nehmende Alternativen, von Alibaba als Handelsplattform bis zu WeChat als Kommunikations- und Bezahldienstleister. Chinesische Unternehmen expandieren. Es werden strategisch relevante Märkte gesucht, wo man etablierten US-Unternehmen ernsthaft Konkurrenz machen kann, wo diese zum Beispiel noch nicht so etabliert sind.

Die Expansion geht aber noch weiter. Seit Jahren ist sichtbar, wie China eine eng verknüpfte Außenwirtschafts- und Entwicklungspolitik betreibt. »Erst Infrastruktur durch staatseigene Unternehmen ausbauen, und dann folgen Services von privaten Unternehmen«, beschreibt Fang Xingdong vom chinesischen Thinktank »Chinalabs.com« das Vorgehen.

Insbesondere in Ländern, wo es ein hohes chinesisches Interesse an Rohstoffen gibt, findet eine enge Infrastruktur-Kooperation statt. Für chinesische Megakonzerne gibt es neue Auftragsmöglichkeiten im Ausland. Sie können dabei neues Know-how gewinnen und vor allem neue Märkte erschließen. Gleichzeitig bekommen die Länder eine moderne Infrastruktur, sei es in Form von Eisenbahn, Straße oder Hafen. Dies sieht auch der SAP-Manager Jürgen Müller: »Die Chinesen sind schon dabei, neben der physischen Infrastruktur – wie Autobahnen in Afrika – auch in Asien wirklich digitale Infrastrukturen aufzubauen.«

Mittelfristig wird China die digitale Landkarte auf ähnliche Weise umkrempeln, wie es die Verstaatlichung der Ölwirtschaft in den siebziger Jahren getan hat. Dabei hat man sich offensichtlich zum Ziel gesetzt, nicht nur die oft zitierte »next billion«, also die nächste Milliarde Internetnutzer anzuschließen und für die eigenen Produkte zu gewinnen, sondern eher »the next two billions«, in Asien ebenso wie in Afrika. Mit dem Ansatz der vollen Kontrolle baut China seine eigenen Fähigkeiten massiv aus. Das Land bringt sich aktiv in internationale Diskussionen um Standardisierung ein und beteiligt sich an Diskussionen zur Internetregulierung, zum Beispiel bei der Internationalen Fernmeldeunion (ITU).

Einher geht dies mit einem Export des chinesischen Internets für all die Staaten, die das offene, freie westlich dominierte Internet ablehnen. Dieses Internetmodell will die Interaktionsmöglichkeiten erhalten, den einfachen und schnellen Wissenszugang und neue Geschäftsideen ausbauen und fördern, doch gleichzeitig soll die Möglichkeit der vollständigen Zensur bestehen oder zumindest der staatliche Einfluss garantiert sein, unliebsame Inhalte zu unterdrücken und Regulierung wirksam und einfach durchzusetzen. Beim Datenschutz hingegen haben die chinesischen Unternehmen kaum Regulierungen zu befürchten, dafür sind die Interessen des Staates, auf solche Daten zugreifen zu können, zu groß.

Mit einem solchen Internet spricht man heutzutage

viele Staaten an, in Afrika, im Nahen und Mittleren Ostens und in Asien, und nicht zuletzt Länder wie die Türkei und Russland. Hier wird sich ein zweites Internet entwickeln, mit Schnittstellen zu dem uns jetzt bekannten Internet, aber auch mit neuen technischen und regulatorischen Möglichkeiten, den Datenfluss zu steuern. Dies folgt nicht nur dem Bedürfnis nach vollständiger staatlicher Kontrolle, sondern hat zudem eine pragmatische Seite. Bekannte technische Probleme könnten mit einer solchen Infrastruktur einfacher behoben oder von vornherein vermieden werden. Man könnte mehr technische Sicherheit von Anfang an in die Systeme implementieren, was heute bei unserem offenen Internet als Standard oft noch fehlt.

Doch der Datenfluss würde nicht nur kontrollierbar und steuerbar sein, China hat nicht nur Interesse, moderne Funk- und Glasfasernetze zu verlegen. Der außenwirtschaftspolitische Aspekt ist nicht zu unterschätzen. Wenn Huawei die nächste Milliarde Menschen an das Internet bringen kann, gewinnt das Unternehmen immer stärker an Einfluss. Zumal die Netzwerkinfrastruktur nicht einmal Unternehmen in dem jeweiligen Land gehören muss, sondern Großkonzerne wie Huawei könnten diese vermieten oder Anteile daran verkaufen. Auch dies wäre eine Möglichkeit, Einfluss zu bewahren. Für die Daten- und

Internetunternehmen ist eine solche Expansionsstrategie für ein »chinesisches Internet« ebenfalls äußerst attraktiv. Diese könnten sich Marktzugänge sichern, gerade in Ländern, wo der Ausbau der digitalen Netzwerkstruktur als Entwicklungsmaßnahme gedacht ist. Es könnte zu exklusiven Partnerschaften kommen, verbunden mit Vorgaben der nationalen Regulierung, womit man automatisch die Konkurrenz kleinhalten würde. Auf diese Weise könnten chinesische Unternehmen auch die nächste Milliarde Menschen an neuen Kunden erschließen.

Für die genannten Länder als potenzielle Kunden würde dies also bedeuten: moderne Dateninfrastruktur, neue und bessere Möglichkeiten für staatliche Kontrolle und attraktive neue Anbieter, bei denen die Daten und der Profit daraus nicht vornehmlich ins Silicon Valley fließen. Damit würde kein Kartell wie die OPEC entstehen, sondern China und die Partner für ein solches »zweites Internet« wären sogar noch mächtiger: Man könnte Märkte trennen und sich fast den gesamten Gewinn und den gesamten Einfluss einverleiben.

All dies sind heute noch Spekulationen, doch viele der Experten, mit denen ich gesprochen habe, bestätigen mir, dass ein solches Szenario nicht unrealistisch ist. Marcel Dickow von der Stiftung Wissenschaft und

Politik (SWP): »Im Moment sind die Interessen Chinas vor allen Dingen darauf ausgerichtet, zweierlei zu erreichen: Das eine ist die Kontrolle über das Land, Kontrolle der eigenen Herrschaft, insbesondere den Herrschaftsanspruch der Partei nicht zu verlieren. Dabei sind Daten, das Internet, die Kontrolle der Datenflüsse vielleicht das entscheidende Mittel. Und dann gibt es eine unausgesprochene, implizite Industriepolitik gegenüber Dritten, die auch andere, außen- und sicherheitspolitische Ziele verfolgt.«

Google-Chefökonom Hal Varian sieht die Grundlage für eine solche Strategie auch für gegeben: »Viele dieser großen Unternehmen haben globale Ziele. Sie werden auch einen gewissen Erfolg damit haben. Man denke an die chinesische Industriestruktur. Man streckt die Fühler einfach in alle Bereiche aus.«

Auch Joe Nye, der außenpolitische Experte an der Harvard-Universität, sieht die Expansionsbestrebungen. »Der Gedanke, dass China nach außen expandiert und seine eigenen führenden nationalen Unternehmen dafür nutzt, ist richtig. Wenn man sich das Internet heutzutage anschaut, gibt es nicht mehr das eine Internet, es ist schon jetzt fragmentiert. Die chinesische Firewall schottet schon heute die größte Nutzergruppe des Internets ab, nämlich das chinesische Internet. Die Chinesen stellen dies aber schlau an, sie erhalten sich die ökonomischen Vorteile des Internets und setzen gleichzeitig eine enge Kontrolle des Informationsflusses durch. Sie sind bisher nicht so interessiert an den riesigen Datenmengen, um diese zu monopolisieren, wie man es beim Öl macht, sie wollen vielmehr sicherstellen, dass keine ›Verschmutzung‹ in ihre Daten und Informationsflüsse von außen gelangt.«

Die Verbindung von Sicherheits- und Wirtschaftsinteressen hat über 40 Jahre lang den größten Öldeal der Welt gesichert, nämlich den zwischen US-Unternehmen und Saudi-Arabien. Warum soll das Gleiche nicht auch bei Daten und dem Internet funktionieren? Der Export eines unfreien Internets, mit der großen chinesischen Firewall zur Kontrolle des Datenflusses für all die Staaten, die sich ein Ende des offenen und freien Internets wünschen, und gleichzeitig die Erschließung riesiger neuer Märkte für internetbasierte Datendienste, die die Dominanz bestehender Strukturen, in diesem Fall vornehmlich von US-Unternehmen, brechen. Es wäre auch eine Allianz, die auf den Interessen von Sicherheit und Wirtschaft aufbaut, nur nicht mehr vom Westen aus gedacht, sondern von China aus.

Adam Segal, Experte für digitale Sicherheit des Council on Foreign Relations, dem führenden US-amerikanischen Thinktank zu Fragen der Außenpolitik, fasst die Situation wie folgt zusammen: »Ich bevorzuge das Internet als globale offene Plattform. Die chinesische Vision des Internets ist eine andere und nicht die beste für die Menschheit, aber ich sehe, dass auch viele andere Länder das Internet als zu sehr US-dominiert wahrnehmen und dass es ihnen missfällt, dass vor allem US-Unternehmen den Profit einstreichen. Ich kann also verstehen, wieso Länder diese Situation ändern wollen. Wir erleben, wie China aktuell Infrastruktur an Orten baut, wo die USA oder Europa nicht die Fähigkeiten oder kein Interesse daran haben. Das wiederum bringt Vorteile für alle Menschen. Wenn die Chinesen diesen Ausbau weiter vorantreiben, wird es ihnen mehr Macht geben. Wie groß diese Macht sein wird, ist aber ungewiss. Nur weil China vielen afrikanischen Ländern aktuell Unterstützung anbietet, haben sie diese Länder damit nicht automatisch für ihre Interessen eingekauft. China wird mit ähnlichen Problemen wie die USA oder Europa konfrontiert sein, nämlich die geleistete wirtschaftliche Unterstützung in tatsächliche politische Unterstützung umzuwandeln, weil diese Länder ganz schnell sich auch davon abwenden können oder ein anderes Land auftritt, um seinerseits Unterstützung zu leisten.«

Ethan Zuckerman warnt davor, Chinas Internet als unattraktiv zu betrachten, weil es reguliert sei. Er ist

Direktor des Center for Civic Media am MIT MediaLab in Cambridge, Massachusetts.

»Wir stellen uns das chinesische Internet als völlig leblos vor, weil es zensiert ist. Aber die Realität sieht anders aus. Chinesische Angebote sind viel interessanter als viele ihrer internationalen Pendants. Weibo war auf dem Höhepunkt des Kurznachrichten-Hypes viel spannender als Twitter. WeChat organisiert sehr spannende politische Diskussionen. Und wenn man zurückgeht zu den Anfängen des chinesischen Internets, die digitalen Pinnwände rund um die Universitäten, so waren diese eminent politisch. Die Menschen sind sehr gut darin, Diskussionen zu führen und die Zensur dabei zu umgehen.«

Ethan Zuckerman weist in unserem Gespräch auf einen anderen Aspekt hin, auf die Tatsache nämlich, dass nicht mehr ausschließlich Staaten als Zensurbehörde agieren, wie China oder der Iran. Vielmehr sind es immer öfter Unternehmen, die diese Rolle einnehmen, die gewissermaßen Staatsmacht spielen und für »Recht und Ordnung« auf ihrer Plattform sorgen. Sie nehmen Anzeigen zur Kenntnis und stellen Strafen aus, löschen Inhalte und sperren Zugänge. Anders als in demokratischen Staaten findet hier alles in einer Hand statt, der Hand des Unternehmens. Ihnen bleibt in der Regel auch keine andere Option. Viele Staaten weigern sich, diese Verantwortung dafür zu übernehmen, wenn sich soziale Probleme, Gefahren und Straftaten auf digitale Plattformen verschieben, wenn Daten statt Geldbörsen gestohlen werden. Es ist eine technische Überforderung des Staates, die wir derzeit beobachten, es ist aber auch eine politische. Wir erleben multinationale Informationsströme, die sich nicht an nationale Grenzen halten. Unsere staatlichen Stellen, egal ob Polizei oder Justiz, Jugendschutzbehörden oder Kartellwächter, müssen sich an diese globale Dimension erst anpassen. Es braucht gesetzlich neu gefasste Aufträge oder Reformen der bestehenden Gesetze und den Zwang zur internationalen Kooperation.

Beim Öl haben wir erlebt, wie multinationale Ölkonzerne wie Staaten aufgetreten sind und zum Teil massiv in die Selbstbestimmungsrechte von Nationen eingegriffen haben (zur Not auch mit Privatarmeen). Bei Daten erleben wir derzeit etwas Ähnliches: Die Datenunternehmen weltweit erhalten immer größeren Einfluss auf die Selbstbestimmungsrechte der Menschen, ohne dass sie einer demokratischen Kontrolle unterworfen wären. Gesetzliche Vorgaben greifen entweder nicht oder werden nicht durchgesetzt, und zeitgleich nutzen die Unternehmen ihre multinationale Struktur, um die für sie bestmögliche staatliche

Regulierung als operative Basis für ihre Aktivitäten zu nutzen. Nicht ohne Grund sind viele Datenkonzerne nach Irland gezogen, nicht nur weil die Steuern niedrig sind, sondern auch, weil von den dortigen Datenschutzbehörden keine Gefahr für ihr Geschäftsmodell drohte.

Die Unsicherheit wächst

Außenpolitisch geht es aber nicht nur um die Kontrolle von Infrastruktur und Marktzugängen. Es geht immer auch um Sicherheitsfragen. Öl als Ressource war und ist von zentraler Bedeutung für die Rüstung. Öl war und ist Anlass von Kriegen, und diese können nur mit Öl geführt werden. Auch Daten werden zum Kriegsinstrument und sind es bereits. Sie werden zum Kriegsauslöser und auch zum Ziel von Kriegen. Anders als bei einem Angriff mit konventionellen Waffen ist der Täter bei einem digitalgestützten Angriff – wie Sabotage, Angriffen auf Rechenzentren oder Datendiebstahl – wesentlich schwieriger zu identifizieren. Man versucht, wie bei einem Kriminalfall Spuren zu sammeln, auszuwerten und Theorien aufzustellen. Doch dies kann zu gefährlichen Irrtümern führen, wenn sich Staaten schon heute das Recht herausnehmen, auf digitalgestützte Angriffe mit konventionellen Waffen zu antworten. Die technologischen Möglichkeiten, die existieren, werden fatalerweise auch zu Kriegszwecken eingesetzt. Der Historiker Andreas Rödder sagt dazu: »Denkt man an die Chemie und die Giftgaseinsätze im Ersten Weltkrieg oder die Nuklearenergie als Grundlage für die Nuklearbewaffnung, so liegt ein entscheidender Zug der Moderne darin, die modernen Technologien auch militärisch einzusetzen. Alle Konventionen und Vereinbarungen hin oder her, die Erfahrung ist die, dass wenn die Dinge zur Verfügung stehen, sie auch genutzt werden.«

Digitale äußere Sicherheit ist bisher in der Öffentlichkeit ein Fremdwort. Noch immer wird dieses Thema viel zu wenig diskutiert. Immerhin, das Problembewusstsein wächst. Joe Nye lobt als positives Beispiel die Vereinbarung vom September 2015 zwischen dem chinesischen und dem amerikanischen Präsidenten, auf gegenseitige Computerangriffe zur Erlangung kommerzieller Vorteile zu verzichten. Das war eine große Veränderung für China und wurde anschließend auch von der G20 als Ganzes angenommen.

Experten geht dies aber nicht weit genug. Sie fordern internationale Konventionen, die absichern sollen, dass IT-Angriffe nicht die Welt oder einzelne Länder ins Chaos stürzen. Tim Maurer von der Carnegie-Stiftung für Internationalen Frieden denkt dabei vor allem an die Integrität von Finanzdaten. Ein Nichtangriffspakt gegen Finanzsysteme könnte ein Modell sein. Denn die Staaten wissen, dass das Finanzsystem heutzutage global so eng zusammenhängt, dass ein Angriff auf das Finanzsystem eines Landes zwangsläufig auch andere Länder schädigen würde. Wenn es um Angriffsszenarien geht, sind Staaten aber nicht mehr der einzige Akteur auf dem Schlachtfeld. Private Institutionen, organisierte Kriminalität oder Terrororganisationen werden immer relevanter bei digitalen Angriffen. Die siebziger Jahre könnte man als die Geburtsstunde des internationalen Terrorismus bezeichnen. Gelder aus dem Ölgeschäft haben in den vergangenen Jahrzehnten den Terror finanziert. Terroranschläge sollten konkret die Ölmärkte und die Ölpolitik beeinflussen, wie die Geiselnahme in der OPEC-Zentrale 1975. In Zukunft werden Anschläge nicht mehr nur mit Bomben verübt, sondern nicht zuletzt mittels Schadsoftware. Bislang sind es vor allem finanzielle Interessen, die zu solchen Angriffen führen, wie im Mai 2017 mit der weltweiten Verbreitung der Schadsoftware Wannacry, die in vielen Ländern der Welt die Frage der IT-Sicherheit auf die Titelseiten brachte. Doch in Zukunft werden wir verstärkt Anschläge mit politischen Motiven erleben. Im Wahlkampf in den USA und in Frankreich gab und gibt es den Verdacht der staatlichen Einflussnahme, aber selbstverständlich werden sich auch nichtstaatliche Akteure betätigen, um die Stabilität eines Staates und seine Macht zu erschüttern. Durch die Manipulierbarkeit von Daten können neue Anlässe und Auslöser für Kriege geschaffen werden.

Aber auch gezielte physische Angriffe auf Knotenpunkte unserer weltweiten Dateninfrastruktur sind durchaus möglich, sei es, um Daten zu erbeuten oder den Datenfluss zu unterbinden. Nicht ohne Grund sind die großen Datenzentren oder Internetknoten gegen physische Angriffe geschützt. Die Schutzmaßnahmen sind vielseitig: hohe Zäune mit Stacheldraht, rund um die Uhr Wachleute, allgegenwärtige Videoüberwachung, große Erdwälle oder Gräben um die Gebäude herum und ein ausgeklügeltes mehrstufiges Sicherheitsnetz in den Gebäuden, mit Personenschleusen und Öffnungssystemen mit biometrischen Merkmalen. Dies soll unsere Dateninfrastruktur vor gewalttätigen Angriffen wie auch ungewollten Eindringlingen schützen. Bilder, wie wir sie von Ölfirmen kennen, die in unsicheren Weltregionen schwer bewaffnete Privatarmeen im Einsatz haben, sind aber in der Datenwirtschaft bisher unbekannt.

Joe Nye benennt drei Faktoren, um die es beim Thema Macht und Sicherheit geht: Vertraulichkeit,

Integrität und Verfügbarkeit. Oder auf Englisch: *confidentiality, integrity, availability* – kurz »CIA«. »Vertraulichkeit bedeutet, dass andere in ein System eindringen und sehr wichtige Inhalte in den Daten finden, wie geistiges Eigentum oder sensibles Material, das genutzt werden kann, um Menschen zu erpressen. Die Verletzung der Integrität ist gefährlicher und schwerwiegender. Es geht um das Eindringen in Systeme, um Manipulationen vorzunehmen oder mit Schadsoftware großen Schaden anzurichten. Bei der Verfügbarkeit geht es um Zugang zu Daten und den Versuch, diesen zu blockieren. Hier gibt es Parallelen zum Öl im 20. Jahrhundert, wo es regelmäßig zu Embargos und Boykotten kam. Bei den Daten heutzutage sind die tatsächlichen Gefahren die Vertraulichkeit und noch stärker die Integrität von Daten. Gefahren, die wir bei Öl wiederum nicht kannten.«

Nicht ohne Grund beschreibt Marcel Dickow von der Stiftung Wissenschaft und Politik (SWP) den Angriff zum Beispiel auf das Rentenversicherungssystem als enorme Gefahr, der den »Staat sehr schnell an den Rand des Ruins oder auf jeden Fall an den Rand von inneren Unruhen bringen« kann. Renten würden gar nicht oder nur noch falsch ausgezahlt, Rentenpunkte verändert und damit ein Chaos angerichtet werden, das direkt das Leben von Millionen Menschen betrifft.

Wir sehen, dass die IT-Sicherheit auch in diesem Sinne ein neues Denken fordert, denn mit ihr sind innere und äußere Sicherheit nicht länger voneinander zu trennen. Sicherheitspolitische Antworten darauf werden enorm schwierig sein. Bewährte Systeme, um Gefahren abzuwenden, wie Abkommen oder Konventionen, werden aufgrund der Präsenz vieler nichtstaatlicher Akteure in diesen Auseinandersetzungen nur wenig Chancen haben. Die geopolitischen Interessen sind beim Thema Daten noch größer, die Verbindungen von Wirtschafts- und Sicherheitsfragen noch komplexer, als wir es beim Thema Öl bereits kannten und kennen. Darum ist es so wichtig, auch aus außenpolitischer Sicht neue Strukturen zu schaffen. Es geht darum, Aufsichts- und Regulierungsstrukturen international auszurichten und nichtstaatliche Akteure einzubinden. Unter dem Stichwort »Internet Governance« werden diese und ähnliche Fragen bereits seit über einem Jahrzehnt im Rahmen der Vereinten Nationen diskutiert. Dabei wird ein Multi-Stakeholder-Ansatz vertreten. Er sieht vor, die verschiedenen Interessen- und Expertengruppen von Wirtschaft, Wissenschaft, Zivilgesellschaft und Staat zusammenzubringen und zukünftig stärker in Entscheidungsprozesse einzubinden.

Für Ölfirmen wurde »Sicherheit« zum Thema Nummer eins, als ihnen klar wurde, dass der Schaden, den eine Ölkatastrophe anrichtete, nicht nur finanziell, sondern auch was den Ruf der Ölfirmen betraf, in der Regel enorm war. Dieses Sicherheitsdenken muss auch in der Daten- und Internetwirtschaft Fuß fassen. Es muss entwicklungsleitend für neue Produkte und Services sein.

Und Staaten müssen digitale Sicherheit als zentrales Ziel der Sicherheitspolitik anerkennen und multinational eine digitale Sicherheits- und Friedensordnung erreichen. Ansonsten sind die Risiken, die aus der Verletzung von Vertraulichkeit und Integrität von Daten entstehen können, zu groß. Der Krieg um Daten ist ein Krieg um die Macht und den Einfluss, der aus Daten entstehen kann, um damit ganze Länder ins Chaos zu stürzen.

6. Demokratie

Was unsere Freiheit, unser Zusammenleben und unsere Welt beeinflusst, beeinflusst zwangsläufig unsere Demokratie. Öl stand für eine enge Verbindung zur Politik, für Lobbyismus und auch für Korruption. Öl nutzte seine Macht für die politische Einflussnahme. So einfach ist es bei Daten nicht. Doch welches Verhältnis haben Daten zu unserer Demokratie? Welche Macht üben Daten auf sie aus?

Macht der Unternehmen

In den vergangenen zweihundert Jahren spielten Unternehmen immer eine große Rolle in der Politik, in demokratischen wie in nichtdemokratischen Staaten. Immer wieder kommt es hier zum regelrechten Rollentausch. Man sehe sich die gegenwärtige Situation in den USA an: US-Präsident Donald Trump sieht sich selbst in erster Linie als Unternehmer, erst in zweiter als Politiker. Und Ähnliches gilt für viele seiner Kabinettsmitglieder. Außenminister Rex Tillerson etwa war langjähriger Chef von ExxonMobil, dem weltweit größten börsennotierten Erdölkonzern.

Ölunternehmen hatten schon immer besonderen Einfluss auf die Außenpolitik. Sie konnten ihre Profitinteressen leicht bemänteln, schließlich ging es beim Thema Öl ja immer auch um Demokratie und Freiheit. Innenpolitisch galt ihr Interesse geringen Steuer- und Umweltauflagen. In Ländern mit einer starken eigenen Ölwirtschaft hatten sie damit tatsächlich jahrzehntelang Erfolg, etwa in den USA. In Deutschland hingegen, einer Nation ohne relevante eigene Ölvorräte, ohne global relevante Ölunternehmen, war der politische Einfluss geringer. Im Deutschland der Nachkriegszeit nahm Kohle die Rolle ein, die anderenorts Öl innehatte, nämlich als Rohstoffindustrie die politischen Diskussionen beeinflussen.

Der enorme Reichtum aus Öl führte auch zu einem weiteren politischen Einfluss aus der Ölwirtschaft, nämlich mittels Spenden. Im politischen System der USA sind Kandidaten für Wahlämter immer auf die Unterstützung aus der Wirtschaft und von wohlhabenden Einzelpersonen angewiesen. Selbst einfachste Wahlkämpfe für einen Sitz im US-Repräsentantenhaus kosten schnell über eine Million Dollar. Die Wahlkampfbudgets für einen heutigen US-Präsidentschaftswahlkampf gehen insgesamt in die Milliarden Dollar.

Die Ölunternehmen gehörten jahrzehntelang zu den einflussreichsten Lobbyisten in Washington D.C. und hatten mit die höchsten Ausgaben für ihre politische Arbeit. Ähnlich sah die Situation in den Bundesstaaten aus, insbesondere dort, wo Ölförderung stattfindet oder potenziell Förderung stattfinden kann.

Chris Soghoian bewegt sich als Technikexperte und Aktivist seit Jahren im politischen Dunstkreis der USA. Er beschreibt die Lobbyarbeit der Unternehmen als weitreichende Strategie zur Machtfestigung.

»Lobbyismus zentralisiert die Macht der großen Unternehmen, die es sich leisten können, Anwälte einzustellen, um mit neuer Regulierung umzugehen. Dies sehen wir bei den großen etablierten Unternehmen welcher Branche auch immer. In manchen Fällen verlangen sie sogar mehr und neue Formen der Regulierung, weil es ihnen erlaubt, ihre Macht zu festigen und so eine mögliche Bedrohung durch kleine neue Unternehmen im Keim zu ersticken.«

Unternehmen können aber auch im Interesse der Allgemeinheit für Regulierung werben. Menschenrechtsaktivistin Rebecca MacKinnon berichtet von Gesprächen, die sie geführt hat. Laut MacKinnon fürchten viele Unternehmen, dass sie im Zuge des

Wettbewerbs gezwungen sein könnten, Praktiken zu übernehmen, die nicht im Sinne des Allgemeinwohls sind. Durch Regulierung oder Verbote könnte man Wettbewerb sicherstellen, ohne dass er zulasten des Allgemeinwohls ginge.

Lobbyismus führt immer wieder zu Auswüchsen. Im Jahr 2008 wurde ein Skandal in der zuständigen Abteilung für Rohstoffeinnahmen im US-Innenministerium aufgedeckt, das wesentlich für die Ölregulierung zuständig ist. Es gab Einladungen zu Reisen und Veranstaltungen, Drogen wurden konsumiert, und Mitarbeiter von Ölunternehmen hatten Sex mit Behördenmitarbeitern. Bekannt ist, dass Unternehmen gezielt Netzwerke in Behörden aufbauen, die ihre Interessen vertreten. Das betrifft nicht nur die Ölindustrie, aber sie hat das System zunehmend perfektioniert. Denn Regulierung ist für Großunternehmen ein Kostenfaktor, mit dem man umgeht und den man auch zum eigenen Vorteil nutzen möchte, um Wettbewerber außen vor zu lassen, den eigenen Gewinn zu steigern und kostspielige Regulierungsvorgaben möglichst vage zu halten.

Für die Ölwirtschaft hat die Einflussnahme auf die Politik eine lange Tradition. Die Daten- und Internetunternehmen haben sich diesem Spiel lange verwehrt. Gemessen an ihrer Größe, dem Reichtum und öffentlicher Aufmerksamkeit, waren Unternehmen wie Microsoft oder Google erst spät auf dem politischen Parkett unterwegs. Sie mussten erst lernen, in Lobbyismus zu investieren. Microsoft sah sich zum Ende des 20. Jahrhunderts in den USA und anschließend auch Europa großen Wettbewerbsverfahren ausgesetzt. In den USA sah es kurzzeitig so aus, als müsste das Unternehmen aufgeteilt werden. In Europa gab es Strafzahlungen, die das Unternehmen Milliarden Dollar kostete. Ähnliches erlebt Google derzeit in Europa.

Aus diesen Fehlern hat die Daten- und IT-Wirtschaft gelernt und ist gezielt in den politischen Diskurs eingestiegen. Firmen wie Uber, die neue Mobilitätsangebote anbieten, haben von Anfang an darauf gesetzt, bestehende Regulierung maximal auszunutzen oder sogar zu umgehen, nicht nur in den USA, sondern weltweit. Es gibt vermutlich nur sehr wenige Unternehmen, die so früh begonnen haben, im politischen Umfeld aktiv zu werden, um für ihre Sache zu werben. Die Taktik sieht vor, schnell ein attraktives Angebot aufzubauen, das viel Zuspruch von Bürgern erhält, um dann, wenn die Regulierungsbehörden aktiv werden, die öffentliche Unterstützung als Schutzschild zu verwenden. »Behörden gehen gegen ein populäres Angebot vor«, lautet dann die einhellige Meinung, und der Staat gerät in Erklärungsnot.

Dieses Lobbyspiel funktioniert gerade in den USA so gut, weil es ohnehin einen ständigen personellen Wechsel gibt zwischen den Bereichen Wirtschaft und Politik. Arbeiten in Abgeordnetenbüros häufig Berufsanfänger mit schlechter Bezahlung, können diese nach einem Wechsel in die Wirtschaft oft ein Vielfaches verdienen, denn hier sind sie gern gesehen, weil sie persönliche Kontakte mitbringen. Mittlerweile ist der Daten- und IT-Sektor als Arbeitgeber für einen solchen Jobwechsel besonders attraktiv. Ehemalige Mitarbeiter aus dem Weißen Haus oder dem Kongress, ganz egal ob von Republikanern oder Demokraten, heuern gern bei den aufstrebenden Daten- und Internetunternehmen an. Die Ölwirtschaft hat in dieser Hinsicht an Attraktivität deutlich verloren. Die Situation in Deutschland und Europa ist nicht ganz so extrem, das politische System, insbesondere die Abhängigkeit von Spenden ist aufgrund staatlicher Parteienfinanzierung deutlich geringer. Aber auch hier nimmt der Lobbyismus zu. Rund um die Erarbeitung der sogenannten »Datenschutz-Grundverordnung« (DSGVO) der Europäischen Union, die im Mai 2016 in Kraft trat, gab es eine regelrechte Lobbyschlacht. Tausende Änderungsanträge im parlamentarischen Verfahren und über hundert Verbände und Anwälte, die als Interessenvertretung auftraten. In seinem Dokumentarfilm *Democracy – Im Rausch der Daten* hat David Bernet den Entstehungsprozess dieser Verordnung detailliert verfolgt. Der Film zeigt die parlamentarische Arbeit ebenso wie die Versuche der Einflussnahme verschiedenster Lobbygruppen, und man bekommt einen lebhaften Eindruck davon, wie groß das Interesse der Lobbyisten auf die Regulierung von Daten und Digitalisierung ist. Verständlich, denn wie früher beim Öl geht es hier um Marktanteile und gigantische Summen Geld.

Die Macht der Daten

Doch in den USA nehmen die Bestrebungen der Lobbyisten geradezu groteske Auswüchse an. Von dem amerikanischen Verfassungsrechtler Lawrence Lessig stammt die Äußerung »Code is Law«. Lessig, der 2016 in der Vorauswahl der Demokratischen Partei für die US-Präsidentschaft kandidierte, beschreibt damit die faktische Macht, die aus der Verschmelzung von Software und Hardware entsteht und quasi rechtsetzende Züge annimmt. »Westküsten-Code« in Form von Programmiercode erhält die Bedeutung von »Ostküsten-Code«, der die Form von Gesetzen hat. Lessig beschreibt damit die Macht, die Software ausübt, nämlich Regeln des Zusammenlebens zu bestimmen. Eine Wirkung, die bis dahin vor allem Gesetze hatten.

Ich habe mich mit Lawrence Lessig in Hamburg getroffen. Einige Monate zuvor war er aus dem Rennen um die Präsidentschaft ausgestiegen. Er wollte als Kandidat für die Demokraten das Thema Wahlreform und vor allem Spenden und Kampagnenfinanzierungsreform in den Mittelpunkt rücken. Seine öffentliche Zustimmung war aber zu gering, um an den Fernsehdebatten bei der Vorwahl teilzunehmen, da die Demokratische Partei kurzfristig die Regeln zur Teilnahme änderten. Wir kennen uns schon lange und versuchen in einem regelmäßigen Gedankenaustausch zu bleiben. Über ein Jahrzehnt beschäftigte sich Lessig vor allem mit Fragen rund um unsere digitale Zukunft, den juristischen und gesellschaftlichen Veränderungen. Er gründete 2001 »Creative Commons«, eine Organisation, die sich für eine freiere Nutzung von Urheberrechten ausspricht, indem sie standardisierte Lizenzverträge an Urheber bereitstellt, um den Menschen mehr Nutzungsrechte an kulturellen und geistigen Werken zu ermöglichen.

Vor einigen Jahren hat Lawrence Lessig aber festgestellt, dass es wenig bringt, sich für einzelne Anliegen einzusetzen, eine Reform des Urheberrechts zum Beispiel, oder für mehr Verbraucherrechte im

Digitalen. Das Grundproblem liegt für ihn im Wahlsystem der USA, das völlig abhängig ist von privaten Spenden. Damit werden Seilschaften gefördert, Interessen mit Geldspenden verbunden und letztendlich politische Mehrheiten für Themen gekauft, die nicht direkt im öffentlichen Fokus stehen.

Diese Situation kennt auch Chris Soghoian aus eigener Erfahrung: »Für einen amerikanischen Politiker ist es schwer, bei einem für seine Wähler wichtigen Thema anders abzustimmen, als seine Wähler es von ihm erwarten. Als konservativer Abgeordneter kann man nicht für eine liberale Abtreibungspolitik und einen würdevollen Umgang mit Muslimen stimmen. Bei Themen aber, die weniger bedeutend für die eigene Wählerschaft sind, zum Beispiel bei einem Thema wie Patentrecht, Urheberrecht oder Umweltregulierung, kann ein Abgeordneter freier abstimmen. Lobbyismus ist bei Randthemen besonders erfolgreich, da der Abgeordnete für diese daheim im Wahlkreis keine negativen Auswirkungen erfahren wird.«

Doch politische Einflussnahme resultiert nicht nur aus den Spenden einerseits und aus der allgegenwärtigen Verflechtung von Politik und Wirtschaft andererseits. In der heutigen Zeit wird immer stärker versucht, mittels der Nutzung von Daten unsere demokratische Ordnung zu beeinflussen. Lawrence Lessig sieht die

Entwicklungen in der Datenökonomie mit Besorgnis. »Wir werden diesen gewaltigen Schritt hin zu Datenunternehmen haben, die als Gewinner alles vereinnahmen. Wir haben nicht ansatzweise etwas Ähnliches im Industriezeitalter erlebt und haben bisher keine Ideen, wie man dies regulieren soll, denn die Vorteile und Effizienzgewinne sind enorm. Es ist nicht einmal klar, ob die Gesellschaft diese Vorteile überhaupt aufgeben will. Andererseits sind die Gefahren für unsere bürgerlichen Freiheiten und das grundsätzliche Funktionieren unserer Demokratie, gerade in Nationalstaaten, weitreichend. Bisher hat niemand auch nur versucht zu ermitteln, wie mächtig diese Dynamik sein wird.«

Der Einfluss der Datenunternehmen ist dabei mit Blick auf unsere Demokratie sehr vielseitig. Finanziell sind die fünf Großen, also Amazon, Apple, Facebook, Google und Microsoft, aktuell eine Klasse für sich. Sie sind nach ihrem Börsenwert her die aktuell fünf wertvollsten börsennotierten Unternehmen der Welt, mit einer Marktkapitalisierung von weit über zwei Billionen Euro. Zum Vergleich: Die fünf größten börsennotierten Ölunternehmen sind weniger als die Hälfte wert. Oder um einen Vergleich mit Deutschland zu bemühen: Die fünf größten deutschen Unternehmen, SAP, Siemens, Bayer, Allianz und BASF, sind mit ihren rund 480 Milliarden Euro Marktkapitalisierung weniger wert als die Nummer drei weltweit allein, also Microsoft. Und die zehn größten Unternehmen Deutschlands zusammen sind immer noch weniger wert als die Nummer eins weltweit, also Apple. Die finanzielle Macht dieser Daten- und IT-Unternehmen ist momentan unangefochten, zumal sie sich immer weiter ausbreiten, zu regelrechten Mischkonzernen werden, die in unterschiedlichsten Bereichen aktiv sind, um zum Beispiel dem autonomen Fahren der Automobilwirtschaft Konkurrenz zu machen oder den Bezahlsystemen der traditionellen Banken.

Die finanzielle Macht dieser Firmen resultiert aus ihrer enormen Reichweite. Wäre Facebook ein Land, es wäre mit seinen zwei Milliarden Nutzern weltweit der größte Staat. Facebook will aber gar kein Land sein, Facebook will mehr sein. Facebook will der Ort sein, wo gesellschaftliche und politische Diskussion und Veränderung stattfinden, wo die Zukunft unserer Welt gestaltet wird. In einem bemerkenswerten Facebook-Beitrag vom Gründer Mark Zuckerberg aus dem Frühjahr 2017 stellt er die entscheidende Frage: »Are we building the world we all want?« – »Errichten wir die Welt, die wir alle wollen?« Für Zuckerberg ist das Netzwerk von Facebook das Fundament und die Infrastruktur für den Aufbau einer globalen Gemeinschaft. Für ihn geht es um den nächsten evolutionären Schritt des Zusammenlebens der Menschen, weg von den Nationalstaaten, hin zur nächsten höheren Ebene. Gleichzeitig ist das Manifest wohl aber auch eine Art Bewerbungsschreiben Zuckerbergs um das Amt des Präsidenten dieser globalen Gemeinschaft.

In seinem Text beschreibt er auch die aktuelle Bedeutung von Facebook für die Politik. Er macht unmissverständlich deutlich, dass die politischen Kandidaten, die auf Facebook die größte und engagierteste Anhängerschaft haben, normalerweise auch die Wahlen gewinnen.

Das öffentliche Interesse an den Möglichkeiten von Facebook zur Ansprache und Werbung für politische Positionen ist in den vergangenen Jahren stetig gewachsen. Grund ist die schier unüberbietbare personenbezogene Datenlage, über die Facebook verfügt: Über Jahre hinweg werden Menschen mit ihren privaten und politischen Ansichten begleitet, werden Seitenaufrufe, Freundeslisten und Interessen ausgewertet und allumfassende Profile angelegt. Hatte man früher ein Dutzend von Zielgruppen, die man im Wahlkampf ansprach, ist es jetzt bei Facebook möglich, Hunderte Zielgruppen zu kreieren, abhängig von Alter, sozialem Status, Interessen, Aufenthaltsort und anderen Faktoren. »Mikrotargeting« nennt sich diese Methode, die sehr zielgenaue Ansprache von Menschen. Die Zeiten, in denen im Wesentlichen eine politische Botschaft an alle verbreitet wurde, wie bei der Wahlwerbung im Fernsehen oder auf Plakaten, ist vorbei. Heutzutage kann man variieren: Man kann duzen oder siezen, Fachbegriffe oder einfache Bilder benutzen, emotionalisieren oder politische Nüchternheit vermitteln, und alles zur gleichen Zeit, jeweils an die Zielgruppe gerichtet, die man erreichen will. Wahlkämpfer weltweit besuchen inzwischen Schulungen, wo Unternehmen wie Facebook ihre Möglichkeiten vorstellen und für immer höhere Budgets in ihren Werbeformaten trommeln. Der Absender der Botschaft bleibt dabei zunehmend im Hintergrund. Diese Methodik ist geeignet für Wahlkämpfe und Parteien, aber auch in anderen Bereichen zur Beeinflussung der öffentlichen Meinung. Datengetriebene Werbemöglichkeiten, die eine immer feiner justierte Ansprache ermöglichen und dabei sogar die angesprochene Person verfolgen (welcher Artikel wurde geklickt, welcher Inhalt geteilt, welcher Beitrag an Freunde weitergeleitet?), machen eine weitreichende Beeinflussung politischer Entscheidungsprozesse möglich. Statt für einen Kandidaten oder eine Partei zu werben, mit Logo oder Kandidatenfoto, kann man viel einfacher für ein Thema oder eine politische Überzeugung eintreten. Man kann junge werdende Mütter zum Thema Abtreibung ansprechen zum Beispiel, eine Zielgruppe, die klar umrissen ist, die man über einen gewissen Zeitraum begleitet und mit immer neuen Artikeln zu beeinflussen versucht. Nicht mit plumpen Allgemeinplätzen, nicht nur über wenige Tage, sondern strategisch gesteuert über Monate oder sogar über Jahre. In diesem hypothetischen Fall: von der Schwangerschaft über die Geburt bis zur Erziehung. Wohlhabende konservative Spender könnten so die Meinung von 100 000 Menschen beeinflussen, und das Geld ist womöglich langfristig sinnvoller angelegt als in Spenden für einzelne Kandidaten. Ein solches Vorgehen ist nicht einfach; es ist auch nicht preiswert, eine einzelne Person über einen solchen Zeitraum mit Zeitungsartikeln, Interviews oder Videos zu bestimmten Themen zu informieren und damit zu beeinflussen und am Ende vielleicht sogar die Meinung dieser Person zu verändern. Durch einfache Tests kann man sich dabei schon früh auf die eigentlich relevante Gruppe konzentrieren, nämlich diejenige Gruppe, die tatsächlich beeinflussbar ist. Technisch ist das heutzutage kein Problem. Unterschiedliche Ansprache an unterschiedliche Personen ermöglicht es, die Botschaft zu verfeinern oder die Bildauswahl zu verbessern. Die Vorgehensweise ist dabei perfide: Die Schwangere (um bei dem Beispiel zu bleiben) wird an ein Thema herangeführt, bekommt vielleicht einen abtreibungskritischen Zeitungsbeitrag aus einem unverdächtigen Medium wie der *New York Times* in ihre Facebook-Timeline gespielt. Liest sie diesen Artikel, erhält sie Tage später ein Interview mit einer Frau, die abgetrieben hat. Dann folgen weitere Artikel zu dem Thema, und nach einigen Wochen wird sie eventuell auf eine Umfrage zu dem Thema hingewiesen und wiederum später auf eine Petition. Ganz am Ende, wenn überhaupt, kommen dann klarere politische Aussagen, von Kandidatinnen, die anscheinend ähnliche Meinungen wie die Schwangere selbst bei dem Thema vertreten, oder die Aufforderung, Freunde auf das Thema aufmerksam zu machen. Dies ist nicht nur bei brisanten Themen wie Abtreibung möglich, sondern auch bei Themen, bei denen viele Menschen unentschlossen sind: die Volksabstimmung über die Ausrichtung eines großen Sportevents zum Beispiel.

Relevant für den Erfolg solcher Kommunikationskampagnen sind dabei die Faktoren der Kenntnis über die Möglichkeiten der Nutzung dieser Daten, ein langer Atem und vor allem Geld. Solche Kampagnen gezielt aufzubauen und zu betreiben, kostet schnell Millionen Dollar, wenn man größere Gruppen erreichen will. Dieses Beispiel kann mit vielen Themen durchgespielt werden. Man denke an Tier- oder Umweltschutz oder das Thema Sozialpolitik. Kurzfristig kann ein solches Vorgehen erfolgversprechend sein, mit Blick auf einen Wahltag oder eine öffentliche Auseinandersetzung. Die langfristigen Auswirkungen auf unsere demokratischen Prozesse sind bisher viel zu wenig erforscht, um darüber verlässliche Aussagen treffen zu können. Wie ist der Einfluss genau: Verändert er die Meinung über einen längeren Zeitraum? Kann sie mit dem gleichen Ansatz auch rückgängig gemacht werden? Und welche Methoden werden genutzt und welche Akteure sind im Einsatz? Es sind Fragen, die wir fundiert beantworten müssen, um die nötigen Konsequenzen daraus zu ziehen.

Rechtlich kann man gegen ein solches Verfahren kaum Einwände erheben. Je nach Ausgestaltung können die »Beiträge« neutral wirken und den Anschein machen, ganz allgemein zur Meinungsbildung beizutragen. Anders als bei direkter Parteiwerbung oder bei Parteispenden gelten keine oder geringe Transparenzvorschriften für allgemeine thematische Kampagnen. Werbung ist erlaubt, ob für Autos oder für Kleidung und eben auch für politische Sichtweisen.

Bisher war die politische Werbung deutlich als solche zu erkennen, sei es auf Großflächenplakaten oder in Form von Radio- oder Fernsehwerbung. Bei neuen digitalgestützten Werbeformaten durch den Zugriff auf enorme Datenprofile ist dies nicht länger der Fall. Transparenz und Erkennbarkeit digitaler politischer Werbung von anderen Akteuren als den Parteien und Kandidaten selbst wird abnehmen. Das wird diesen Markt in den kommenden Jahren sprunghaft verändern. Es ist eine Tatsache, dass man mit Geld die öffentliche Meinung beeinflussen kann, dass man sie in bestimmten Fällen sogar kaufen kann. Daten werden damit zum Schmiermittel des demokratischen Prozesses, in dem Maße, wie unser Informationskonsum immer zielgenauer gesteuert wird. Ein solches Verfahren hat viel weiter reichende Effekte als die Wirkung, die von Fake News ausgeht. Bei Fake News geht es um die bloße Aufmerksamkeitserregung durch falsche Tatsachenbehauptungen. Doch den digitalgestützten Werbeformaten geht es um gezielte Meinungsbeeinflussung durch Informationszugangssteuerung. Für Investor Albert Wenger ist, wie bereits erwähnt, das Thema Aufmerksamkeit von zentraler Bedeutung für das digitale Zeitalter. »Jeder Mensch hat nur vierundzwanzig Stunden am Tag. Wir müssen also entscheiden: Was machen wir mit unserer Aufmerksamkeit? Worauf lenken wir sie?« Es ist daher die Steuerung der Aufmerksamkeit mittels umfassender Auswertung von Daten, die unsere öffentlichen Diskussionen zunehmend beeinflussen und lenken wird. Damit erhalten die Akteure, die über diese Daten verfügen, sehr viel Macht. Die Datenkonzentration in den Händen weniger ist damit nicht nur eine wettbewerbsrechtliche Auseinandersetzung, sondern eine, die den Kern unserer Demokratie betrifft. Man mag sich gar nicht vorstellen, was geschehen würde, wenn ein Unternehmen wie Facebook seine Möglichkeiten gezielter nutzen würde, um im Eigeninteresse den öffentlichen Diskurs zu beeinflussen, bei Fragen des Datenschutzes etwa, oder auch bei allgemeinen Themen wie der Handelspolitik oder auch zur Werbung für einzelne Kandidaten, wie es manchmal Zeitungsredaktionen mit ihren bevorzugten Kandidaten tun.

Das erwähnte Manifest von Mark Zuckerberg hat den Anspruch formuliert, die Welt zu einem besseren Ort zu machen, aber natürlich nach seinen Vorstellungen. Man sollte eigentlich meinen, dass eine Plattform lediglich eine neutrale Infrastruktur bereitstellt. Aber wie neutral sind Plattformen generell noch? Und ab wann wird eine Plattform selber zum Akteur? Im Fall von Facebook entscheiden schon die Nachrichtenalgorithmen darüber, welche Inhalte man prominent angezeigt bekommt. Es wird also eine Vorauswahl getroffen, was bereits eine redaktionelle Tätigkeit ist.

Die ökonomische und gesellschaftliche Bedeutung von Daten geht damit weit über die von Öl in Bezug auf Reichweite und Einfluss auf unsere Demokratie hinaus.

Verständlich, dass in diesem Zusammenhang der Ruf nach verbindlichen Transparenzvorschriften und nach wirklicher Neutralität und damit Regulierung laut wird. Was datengestützte personalisierte Werbekampagnen zu politischen Themen betrifft, so wäre denkbar, dass Plattformen dazu verpflichtet werden, Finanzberichte vorzulegen oder Auftraggeber, wie bei einer Zeitung im Impressum, zu nennen. Wie immer die Lösungen im Einzelnen hier aussehen mögen – Lösungen müssen gefunden werden, und das schon bald.

Mit dem Erdöl ging in den meisten Ländern immer auch eine antidemokratische Gesinnung einher. Die Regime und Herrscherfamilien der Erdölnationen hatten genug Geld, um ihre Macht zu sichern und sich über Menschenrechtsfragen im eigenen Land hinwegzusetzen. Die großen multinationalen Ölkonzerne ihrerseits nahmen mit ihrer aggressiven Lobby-Arbeit und massiven Spenden und oft genug Bestechungen Einfluss auf die Politik. Im Datenzeitalter erfährt diese Möglichkeit der Einflussnahmen eine ganz neue Dimension: Datenkonzerne werden selber zum politischen Akteur, zum Wahlkampfhelfer oder Meinungsbildner. Sie können damit eine Rolle übernehmen, die

die großen staatlichen Ölkonzerne in den Ölexportländern haben oder hatten: Sie wären ein eigener Staat im Staate, der massiven Einfluss auf das gesellschaftliche und politische Zusammenleben nimmt.

Um es klipp und klar zu sagen: Ich persönlich glaube nicht, dass ein solches Szenario der massiven Beeinflussung durch die Datenunternehmen langfristig Erfolg haben würde. Die Menschen sind meines Erachtens nicht so direkt zu manipulieren, wie viele glauben. Ich selber hinterfrage, was mir im Internet präsentiert wird, recherchiere die ursprüngliche Quelle, um zu sehen, ob eine Aussage tatsächlich stimmt. Damit gehöre ich zurzeit noch zu einer Minderheit. Die meisten Menschen müssen die neue digitale Kulturtechnik erst noch erlernen. Es wird noch eine Weile dauern, bis die Menschen wirklich in der Lage sind, mit datengestützten Informationen souverän umzugehen. Selbstbestimmung über uns, unsere Daten und unser Leben in der digitalen Welt ist entscheidend für ein lebenswertes Leben und muss verteidigt und ausgebaut werden. Die Frage ist in dieser Situation: Was passiert in der Zwischenzeit? In den kommenden zehn oder zwanzig Jahren, der Zeit des Übergangs? Wo Fake News noch verfangen und wo neue, personalisierte Werbeformate noch gar nicht als solche erkannt werden? Wo die datengestützte Steuerung des

Informationszugangs den demokratischen Diskurs beeinflusst? In der Zeit bis zu einer wirklichen digitalen Mündigkeit?

Das Ölzeitalter hat dazu geführt, dass das Thema »Umwelt« ab den siebziger Jahren in den Vordergrund rückte und ab den Achtzigern auf die politische Tagesordnung kam. Zu meiner Schulzeit gab es Projekt- und Aktionstage. Auf diese Weise wurde ein dringend nötiges »Umweltbewusstsein« geschaffen, für das es bis dahin nicht einmal ein Wort gab. Heutzutage brauchen wir Nachhilfe in Sachen Digitalisierung. Das Ziel muss sein, ein Bewusstsein zu schaffen für das ganze Datenökosystem. Mit einem Pflichtfach »Programmieren« in der Schule ist es dabei nicht getan, sondern es muss tatsächlich zu einem Projekt lebenslangen Lernens werden und insbesondere im formalen Bildungsbereich und der Fort- und Weiterbildung sehr breit angelegt sein.

Das Gute für unsere Demokratie

Nur ein Verständnis für das gesamte Datenökosystem ermöglicht auch eine realistische Sichtweise, wenn es darum geht, den Nutzen der Digitalisierung für unsere Demokratie einschätzen zu können. Natürlich können Daten benutzt werden, um politische Entscheidungsprozesse zu manipulieren. Gleichzeitig wissen wir natürlich, dass Daten schon immer zur Erfüllung staatlicher Aufgaben notwendig waren: Meldedaten, Steuerdaten, auch Informationen der Sicherheitsbehörden. Es gibt aber auch neue Ansätze, um Daten zur Erfüllung staatlicher Aufgaben zu nutzen. Im Bildungsbereich sollen sie genutzt werden, um personalisierte Bildungsangebote zu entwickeln, die genauer auf Stärken und Schwächen von Schülern und Studenten eingehen. Dies könnte den Bildungssektor revolutionieren. Natürlich sind solche Daten hochsensibel. Sie dürfen nicht mit anderen Stellen geteilt oder zu anderen Zwecken genutzt werden. Aber man stelle sich vor, Klassenarbeiten würden zukünftig neben der direkten Korrektur durch das Lehrpersonal auch noch einmal digital ausgewertet werden, um auch über einen Zeitverlauf Lern- und Fehlerkurven zu erkennen. Personalisierte Lernempfehlungen würden dem einen Schüler dann Hilfestellung zur Zeichensetzung leisten, einem anderen in Mathematik. Ein derartiger Ansatz würde die schwachen Schüler intensiver fördern, als dies bislang möglich ist, da noch immer an den meisten Schulen eine einzelne Lehrkraft feste Unterrichtseinheiten für den gesamten Klassenverband entwickelt. Ein solcher Ansatz ersetzt dabei nicht den

Bedarf nach mehr Lehrern und einer besseren Schulausstattung, sondern könnte als zusätzliche Unterstützung im Schulalltag dienen, wenn die Daten vor Ort in den Schulen liegen und nicht zentral und weit entfernt ausgewertet werden.

Denn die Datenerhebung im Schulbereich ist ein heikles Thema. Selbst mit den besten Absichten kann man hier viel falsch machen. Das lehrt etwa der Fall »inBloom«. Ich spreche darüber mit Dennis Hirsch, Juraprofessor an der Ohio State University. inBloom war ein Non-Profit-Unternehmen, das Dutzende Millionen Dollar gesammelt hat, um datengestützt das Bildungssystem zu verbessern. Dafür wollte das Unternehmen in mehreren Bundesstaaten von Millionen Schülern Daten erheben und auswerten. Der Fragebogen war äußerst umfangreich. Bis zu 400 Felder waren von den Schulen auszufüllen. Dabei ging es nicht nur um Schulnoten, sondern auch um sensible Informationen zur Familiensituation: Waren die Eltern geschieden?

Als die Eltern davon erfuhren, war die Empörung groß. Schließlich sollten diese Daten ausgewertet und auch an andere öffentliche Stellen und auch Unternehmen weitergegeben werden können, um individuelle Lernangebote zu erstellen. Wer garantierte ihnen, dass die Daten wirklich anonym ausgewertet wurden?

Die Idee von inBloom war richtig, der Weg und die

Methodik waren es nicht. Dem Unternehmen gelang es nicht, das Vertrauen der Eltern zu gewinnen. Die Kooperationsverträge wurden von mehreren Staaten gekündigt, inBloom musste das Projekt aufgeben.

Das Beispiel zeigt, dass Fragen von Datensicherheit und Dezentralität in Zukunft eine immens wichtige Rolle spielen werden bei der sinnvollen und wichtigen Nutzung von Daten. Es muss klare Vorgaben und Verbote geben, wer Zugriff erhält und zu welchen Zwecken. Und es muss eine Art Verhältnismäßigkeitsprinzip herrschen: Nicht alles, was erhebbar ist, muss auch erhoben werden, und nicht alles, was auswertbar ist, muss auch ausgewertet werden. Im Falle von inBloom war ein Fragenkatalog mit 400 Punkten völlig maßlos und die Fragen zur genauen Familiensituation völlig daneben.

Der Datenkünstler Jer Thorp erzählt mir von einer Untersuchung, die ein angesehenes pädagogisches Forschungsinstitut in New York durchgeführt hat. 600 000 Twitter-Beiträge wurden mittels Stimmungsanalyse ausgewertet, um die Gefühlslage der New Yorker zu analysieren. Anhand der Geodaten in den Tweets wurde die Stimmungslage nach Stadtteilen aufgeschlüsselt. Das Ergebnis der Untersuchung, das 2013 veröffentlicht wurde, kam zu dem Schluss, dass die Hunter College High School in Manhattan der traurigste Ort New Yorks ist. Über die Veröffentlichung wurde medial groß berichtet, schließlich ist die Schule eine der renommiertesten und erfolgreichsten in New York. Nach eingehender Kritik wurden die Daten erneut ausgewertet und festgestellt, dass anscheinend die »traurigen« Nachrichten nicht aus der Schule selbst kamen, sondern aus der Nachbarschaft der Schule. Die Schüler wurden mit dieser Analyse direkt konfrontiert. Eine 14-Jährige sagte in der damaligen Berichterstattung: »Ja, einige Schüler nutzen soziale Medien, um sich über die Schule zu beklagen. Aber nicht Twitter. Keiner meine Freunde benutzt Twitter.«

Jer Thorp beschreibt das Problem dieser Methode: »Big Data erzeugt eine Distanz zwischen der untersuchenden Person und den Menschen, die sie untersucht. Mit Big Data haben die Menschen ein kompliziertes Instrument entwickelt, um nicht miteinander sprechen zu müssen. Es erlaubt den Menschen eine Beobachtung aus weiter Entfernung, aber diese Distanz ist aus einer ethischen Perspektive gefährlich, weil es ihnen erlaubt, Aussagen zu treffen, die sie niemals machen würden, wenn sie tatsächlich mit jemandem sprechen müssten. Hätten die Wissenschaftler die Schüler direkt interviewt, hätten sie umfassende wissenschaftliche Vorgaben einhalten müssen, um mit Jugendlichen zu sprechen und diese Daten zu analysieren. Sie hätten nicht einfach als Ergebnis schreiben können, diese Schüler sind die traurigsten Menschen in New York. Zumal hätten sie bei der Untersuchung festgestellt, was selbst die Schulleitung wusste: dass junge Menschen Twitter gar nicht nutzen, sondern Instagram und andere Angebote.«

Diesen Diskurs über die Nutzung großer Datenmengen für das Allgemeinwohl führt Beth Simone Noveck jeden Tag. Das GovLab, das sie leitet, befindet sich mit seinem riesigen Großraumbüro im Herzen von Brooklyn. Unter Präsident Obama hatte sie das Thema »offene Daten« und »offene Verwaltung« vorangebracht. Jetzt geht es für sie nicht nur um die Offenheit staatlicher Stellen, sondern auch um die Frage, wie Daten für staatliche Stellen besser genutzt werden können, Daten aus Krankenhäusern, von Sensoren in Autos oder Informationen über Menschenbewegungen. Mit ihren lockigen dunklen Haaren sitzt sie mir in einem kleinen Besprechungsraum gegenüber. Für sie ist klar: Der Schutz persönlicher Daten darf nicht dazu führen, dass der Staat keine Chance hat, den Datenschatz zu heben, um seine Arbeit zu verbessern. Wenn aber der Staat die Daten nutzen können soll, müssen die Sicherheit der Daten und Zugriffsbeschränkungen auf Daten gewährleistet sein. Derzeit arbeitet sie zur Frage des Risikomanagements. »Es geht um den gesamten Lebenszyklus von Daten, von der Erhebung, der Speicherung, der Nutzung und Analyse, der Veröffentlichung – all diese Schritte enthalten verschiedene Risikofaktoren, die man zueinander in eine Beziehung bringen muss.«

Für sie geht es auch darum, ähnlich wie bei der Umweltfolgenabschätzung, ein System zu etablieren, das verpflichtende Transparenz und Entscheidungsgrundlagen über die Datenverarbeitung herstellt und dem Einzelnen die Möglichkeit gibt, selber zu entscheiden, wie mit den Daten umgegangen wird, für welche Zwecke sie genutzt werden dürfen. Diese Prinzipien und Rechte dürfen sich darüber hinaus nicht in hundert Seiten langen »allgemeinen Geschäftsbedingungen« verstecken, sondern es muss einfache Piktogramme geben, die deutlich machen, was passiert und was nicht.

Der Ansatz, mehr Transparenz in die Datenverarbeitung zu bringen, gefällt mir. Ich bin sicher, wenn es um das Gemeinwohl und die Nutzung von Daten geht, werden wir in Zukunft über ein System von »Datenspenden« für das Allgemeinwohl sprechen. Dies kann im Gesundheitsbereich der Fall sein, aber auch bei Daten, die für die Öffentlichkeit relevant sind. Auch wenn man kein Eigentum an seinen Daten haben kann, ähnlich wie man kein Eigentum an seinen

Organen hat, und sie damit unveräußerlich sind, ist eine Spende immer möglich. Im Gesundheitsbereich gibt es die Organspende oder die Knochenmarkspende. Bei Knochenmarkspenden lässt man sich registrieren und wird nur bei Bedarf angesprochen, eine Spende abzugeben. Bei der Organspende entscheidet man sich zu Lebzeiten, ob man einzelne Organe nach dem Tod für eine Transplantation zur Verfügung stellen möchte. Ähnlich könnte dies auch mit Daten laufen. Über die Jahre sammeln sich zum Beispiel bei jedem Menschen jede Menge Gesundheitsdaten an. Sie sind hochsensibel. Viele Details erlauben Rückschlüsse auf das Privatleben. Nach dem Tod könnte man sie aber der medizinischen Forschung zur Verfügung stellen. Man müsste aber selber darüber entscheiden können.

Ähnliches wäre auch in anderen Bereichen denkbar. Man könnte seine grundsätzliche Bereitschaft zu einer Datenspende registrieren lassen, wie beim Knochenmark, und wird dann gefragt, wenn man in ein bestimmtes Raster fällt, ob man für öffentliche Zwecke private Daten bereitstellen möchte. Klar ist, dass wir dem Bereich der öffentlichen Verwaltung die Möglichkeit geben müssen, mehr mit Daten arbeiten zu können, denn dies kann sie tatsächlich verbessern, Planungen bedarfsgerechter und den Einsatz öffentlicher Ausgaben effizienter machen. Gleichzeitig müssen die individuellen Rechte gewahrt bleiben, Datensicherheit muss gewährleistet sein, ethische Prinzipien müssen eingehalten werden und die Personen wissen, was mit den Daten passiert, damit sie selber entscheiden können, ob sie mit ihren Daten diese Projekte unterstützen möchten. Analog zur Organspende muss es verpflichtende Aufklärung geben, neutrales Informationsmaterial sowie persönliche Beratungen. Denn eine Datenspende betrifft nicht nur den Spender selbst, sondern hat auch Auswirkungen auf Dritte. Wenn ich meine Gesundheitsdaten spende, kann dies Folgen für meine Kinder haben. Dies gilt es bei der Ausgestaltung eines solchen Spendensystems als Schutzziel zu berücksichtigen.

Sandy Pentland, Informatiker und Professor am MIT Media Lab in Cambridge, Massachusetts, denkt in eine ähnliche Richtung. Für ihn teilt sich die Speicherung und Verarbeitung der Daten in einen schwarzen, grauen und weißen Bereich. Schwarz bedeutet eine potenzielle Gefahr für den Menschen, etwa wenn man keinerlei Kontrolle über die Daten hat, wie bei Spionage. Grau ist der übliche Zwischenbereich mit seinen Vor- und Nachteilen, und weiß ist legal und sinnvoll. Statt über alle drei Aspekte zu streiten, sollte man seiner Ansicht nach im weißen Bereich schon einmal anfangen und Erfahrungen sammeln.

Die Debatte muss aber einen Schritt weiter gehen. Es muss nicht nur um Daten gehen, die direkt zwischen Personen und Staat geteilt werden, sondern es kommt auch auf Unternehmen eine neue Verantwortung zu. Es geht um die Bereitstellung von Daten aus den Unternehmensschätzen für staatliche Zwecke. Beth Simone Noveck beschreibt dies als die neue Unternehmensverantwortung: »Unternehmen müssen Mitgestalter dieses Veränderungsprozesses werden. In der Umweltpolitik haben wir es gelernt, es braucht nicht nur gesetzliche regulatorische Vorgaben, sondern man muss die Unternehmen dazu bringen, die Interessen des Gemeinwohls zu wahren und zu unterstützen. Die nächste Generation von Corporate Social Responsibility ist die Bewegung zur Daten-Philanthropie.«

Natürlich gibt es aktuell noch sehr viele Fragen: vom Datenschutz über die Verantwortung und das Recht der Unternehmen generell, solche Daten verarbeiten zu können, hin zur Frage der Organisation staatlicher Stellen, wie sie Zugang zu den Daten erhalten und wie nicht. All dies sind Ideen, die wir diskutieren sollten. Immer geleitet von dem Gedanken, dass es nicht um ein Mehr an Überwachung und Kontrolle gehen darf, sondern um eine Nutzung der Daten für ein besseres, selbstbestimmtes Leben für alle Menschen.

Neue Strukturen der Aufsicht

Um Daten und unsere Demokratie zusammenzubringen, braucht es neue Formen der Regulierung und vor allem staatlicher Aufsicht. Ein Blick zurück auf die Geschichte des Erdöls kann hier helfen.

Im Ölzeitalter hat man erst sehr spät angefangen, sich über die negativen Auswirkungen des wirtschaftlichen Handelns Gedanken zu machen. In den ersten Jahrzehnten beschränkte man sich darauf, die Wirtschafts- und Finanzmacht Öl durch Regeln zum Wettbewerbsrecht zu kontrollieren, indem man etwa gegen Kartelle vorging, oder mittels Festsetzung von Ölfördermengen, um einer ruinösen Ausbeutung der natürlichen Ressourcen entgegenzuwirken. Bis Fragen zum Umweltschutz formuliert und international diskutiert wurden, brauchte es rund hundert Jahre.

Inzwischen gibt es wirksame Instanzen, Schiedsgerichtssysteme, um für einen Ausgleich der Interessen zu sorgen, um zum Beispiel bei Streitigkeiten zur Ölförderung in Gewässern einzugreifen und zu schlichten.

Es versteht sich von selbst, dass wir beim Thema Daten nicht hundert Jahre ins Land streichen lassen können. Um die Möglichkeiten, die durch Daten entstehen, zu nutzen und die Risiken effektiver zu kontrollieren, brauchen wir einen globalen Ordnungsrahmen für unsere Datenwelt, und zwar jetzt. Wir brauchen Abkommen und Konventionen, wir brauchen Rechtsdurchsetzungs- und Sanktionsmechanismen, Schiedsgerichte und internationale Aufsichtsstrukturen. In Deutschland hat sich bereits 2016 eine kleine Gruppe auf den Weg gemacht, ich bin Teil davon, und einen Textentwurf für eine Charta der Digitalen Grundrechte als Diskussionsimpuls vorgestellt.

Der Österreicher Viktor Mayer-Schönberger, Professor am Oxford Internet Institute, fordert zudem einen systemischen Grundrechtskatalog für unsere digitale Welt, bei dem man zum Beispiel überlegen kann, »ob Diversität und Interoperabilität Grundrechtsschwerpunkte sein können, nicht als technische Grundrechte, sondern um auch auf Technik anwendbar zu sein«. Diskutiert wird, ob digitale Grundrechte nicht nur gegenüber dem Staat einklagbar sein sollten, sondern auch gegenüber privaten Dritten, da große Datenunternehmen staatsähnliche Aufgaben und damit Macht ausüben können.

Wie vielschichtig die Kontrollinstanzen arbeiten müssen, hat die Öl- und Umweltdebatte seit Anfang der siebziger Jahre gezeigt. Von da an brachte die Internationale Energieagentur (IEA) einiges Licht in das

Dunkel, in dem viele westliche Staaten damals noch beim Thema Öl tappten, da sie kaum verlässliche Zahlen besaßen, was Verbrauch und Versorgung anging, Vorräte und Lieferwege. Die IEA wurde 1974 von verschiedenen ölimportierenden Ländern als autonome Unterorganisation der Organisation für wirtschaftliche Zusammenarbeit und Entwicklung (OECD) gegründet. Sie gilt als atomfreundlich und wurde oft wegen ihrer Fehlprognosen kritisiert. Trotzdem ist es wichtig und notwendig, multinationale Strukturen zu schaffen, um Märkte zu beobachten, die ansonsten völlig intransparent sind. Dabei geht es um Informationsaustausch, Monitoring und Berichterstattung für die Mitgliedsländer und die Öffentlichkeit. Vorbildhaft ist hier etwa das Umweltprogramm der Vereinten Nationen (UNEP), das 1972 gegründet wurde, um Umweltinteressen im UN-Diskurs zu vertreten.

Diese Entwicklungen haben deutlich gemacht, dass allgemeine multinationale Fragen eine Koordinierungs- und Informationsplattform benötigen. Für unsere digitale Welt haben wir solche funktionierenden Strukturen noch nicht. Mag der globale Datenfluss auf den ersten Blick unkontrollierbar scheinen, gibt es aber doch bereits einzelne Stellen abseits von Wissenschaft und Zivilgesellschaft, die sich der grundsätzlichen internationalen Fragen annehmen. Es gibt etwa das

Internet Governance Forum der Vereinten Nationen (IGF). Das Sekretariat besteht laut eigener Internetseite aber aus gerade einmal vier Mitarbeitern. Die jährlichen Tagungen sind als Diskussionsveranstaltung interessant, verbindliche Entscheidungen werden dort aber nicht getroffen. Die Abschlussdokumente erhalten in der Regel sehr allgemein gehaltene Forderungen.

Adam Segal vom Council on Foreign Relations sieht Gremien dieser Art bisher skeptisch: »Es gibt viele Orte, wo Austausch stattfindet, aber an keinem Ort geschieht dies besonders effizient.«

Sandy Pentland, der sich als Computerwissenschaftler in vielen internationalen Kreisen einbringt und gefragter Gast bei den Vereinten Nationen oder dem Weltwirtschaftsforum ist, rät davon ab, das Augenmerk auf eine einzelne Instanz zu legen: »Entscheidungen von dieser Tragweite werden nicht an einem einzelnen Ort entschieden. Sieht man sich die Klimadiskussion an, waren es Staaten, waren es die Unternehmen und multinationale Prozesse auf unterschiedlichsten Ebenen. Darum wäre es falsch, diesen Prozess an einem Ort zu organisieren, da ich nicht glaube, dass es dort die Breite der Perspektiven und Erfahrungen geben kann. Wir brauchen eine verteilte Diskussion an unterschiedlichen Stellen und Orten, um alle Teile der Gesellschaft einzubinden.«

Trotzdem ist es sinnvoll, multinationale Foren nach dem Multi-Stakeholder-Ansatz zu stärken, denn der sektorübergreifende Dialog bringt Wissenschaft, Wirtschaft, Zivilgesellschaft und Politik zusammen. Er bündelt Kompetenzen und eröffnet gleichzeitig neue Sichtweisen. Allen voran müssen die Interessen von Konsumenten und Produzenten dabei gleichberechtigt vertreten sein. Bei Öl hat es sehr lange gedauert, diese Interessen zusammenzuführen. Erst seit 1991 geschah dies als Dialog zwischen OPEC und IEA, im Internationalen Energie Forum (IEF). Doch der Einwand von Sandy Pentland besteht zu Recht. Die Vielschichtigkeit des Themas Daten und Digitalisierung macht es unmöglich, alle relevanten Erkenntnisse und Entscheidungsbefugnisse an einer Stelle zu bündeln. Es muss und wird mehrere Stellen geben: eine, die sich der Sicherheitsfragen annimmt, eine, die sich des grenzüberschreitenden Datenverkehrs annimmt, was neben technischen Aspekten auch Fragen von Transparenz aufwerfen muss. Eine andere Stelle müsste sich mit der Marktbeobachtung befassen, mit Fragen der Datenmacht durch Datenkonzentration in der Hand weniger Unternehmen. Es könnte sogar für das Thema künstliche Intelligenz eine Stelle geben.

Auf nationaler Ebene gibt es solche Stellen schon in Ansätzen. In Deutschland sollen die Wettbewerbshüter zukünftig verstärkt Fragen der Datenkonzentration im Auge behalten. Behörden zur Förderung der IT- und Datensicherheit werden aufgestockt. Verbraucherschützer agieren als digitale Marktwächter. Auch auf europäischer Ebene geht es hier schrittweise voran. Aber multinational fehlen uns noch die richtigen Lösungen. Bislang scheint eine globale Regulierung noch nicht möglich. Das sollte uns aber nicht daran hindern, jede Möglichkeit der Aufsicht, Analyse, Bewertung und Berichterstattung zu nutzen. Europa könnte hierbei eine Vorreiterrolle zukommen. Der europäische Markt ist so groß, dass europäische Regulierungsvorgaben weltweiten Einfluss haben. Dies bestätigen mir auch mehrere Unternehmensvertreter in den Gesprächen, die ich geführt habe, etwa bei Microsoft. Ein gutes Beispiel ist die neue EU-Datenschutz-Grundverordnung (DSGVO), die allgemeinverbindlich den Datenschutz in der EU regelt und damit für alle in der EU tätigen Unternehmen gilt. Von Palo Alto bis Tokio sitzen nun Firmen daran, diese Datenschutzstandards in ihre Angebote zu implementieren, und da manche Dinge so grundlegend sind, werden sie letztendlich auf der ganzen Welt gelten, da es oft zu aufwendig und kostenintensiv wäre, komplett eigene Strukturen für die jeweiligen Staaten und Regionen zu entwickeln. Dieser Einflussmöglichkeiten zur globalen Regulierung sollten wir uns in Europa bewusst sein. Daher ist es von großer Wichtigkeit, was in Brüssel und Straßburg passiert. Es beeinflusst nicht nur unser Leben, sondern in diesem Fall den Umgang mit Daten weltweit.

Positives Verständnis für gute Regulierung

Um den digitalen Wandel erfolgreich gestalten zu können, werden wir um eine gute Regulierung der Datennutzung nicht herumkommen. Daten- und Internetunternehmen wittern hier noch immer eine Gefahr, statt sie als Chance zu begreifen.

Dave Heiner ist Jurist bei Microsoft. Ich treffe mich mit ihm in Redmond, bei Seattle. Hier befindet sich die Zentrale von Microsoft. Als ich vom Busbahnhof zu dem Gebäude gehe, wo unser Treffen stattfindet, versuche ich mir einen Überblick zu verschaffen. Was vor mir liegt, ist kein großer einheitlicher Firmencampus. Es wirkt mehr wie ein Gewerbegebiet, Dutzende Gebäude, manche von ihnen aus den achtziger Jahren, viele Glasfassaden, aber nicht nur. Jeweils ein Parkplatz vor dem Gebäude. Im Silicon Valley sieht man inzwischen viele Elektrofahrzeuge auf den Parkplätzen stehen, hier dominieren Pick-ups. Nicht nur äußerlich unterscheidet sich der Besuch bei Microsoft von manchen Firmenbesuchen, die ich im Silicon Valley absolviere. Dave Heiner bestätigt mir, dass viele Unternehmen in der IT- und Datenbranche Angst vor jeder Form von Regulierung haben, gerade im Silicon Valley. Laut Heiner gilt dort die Devise: »Wir sind innovativ, die Zukunft kommt, ob ihr es wollt oder nicht. Geht uns aus dem Weg mit eurer Regulierung. Bremst uns nicht. Wer versucht, uns zu regulieren, ist ein Maschinenstürmer.« Für Microsoft soll dieses Denken nicht gelten. Dave Heiner unterstützt das Anliegen nach guter Regulierung: »Neue Technologie wirft neue gesellschaftliche Fragen auf. Man muss vorsichtig und verantwortlich mit ihr umgehen. Regulierung kann da helfen.«

Beim Öl musste es erst zu dramatischen Katastrophen kommen, mit Toten oder weitreichender Umweltzerstörung, bis auf politischer Ebene Regulierungen durchgesetzt wurden. Regulierung in Bezug auf die Förderung oder auch den Transport von Öl oder die Haftung von Ölunternehmen. Bruce Schneier von der Harvard Kennedy School konstatiert, dass »wir als Gesellschaft nicht gut sind in präventiven Handlungen. Wir sind besser im reaktiven Umgang. Wir reagieren erst, wenn die Tatsachen schon eingetreten sind.«

Datenkatastrophen in einem Ausmaß wie die von Ölkatastrophen sind bislang noch nicht eingetreten, sonst wäre die nötige Regulierung wohl längst durchgesetzt. Die Enthüllungen der weltweiten Überwachungspraktiken der Geheimdienste, die wir Edward Snowden zu verdanken haben, sind nicht diese Katastrophe. Stattdessen erleben wir vielmehr, dass Geheimdienste jetzt diese Überwachung legal vornehmen dürfen. Ihre Befugnisse wurden infolge der Enthüllungen gesetzlich ausgeweitet, nicht eingeschränkt. Wir erleben auch regelmäßig, wie der Markt im Umgang mit unseren Daten versagt. Doch die Missbrauchsfälle, die fast wöchentlich über neue Vorfälle mit Millionen gestohlenen Kundendaten oder ungeschützten Daten im Internet öffentlich werden, scheinen auch hier noch nicht so groß zu sein, um den Staat zu veranlassen, konsequent einzugreifen. Bruce Schneier betont, dass wir noch immer den Markt fast völlig allein entscheiden lassen, und das ist nicht gut. Für Schneier gilt: »Privatsphäre ist kein Handelsgut, sondern ein Menschenrecht.«

Viele meiner Gesprächspartner weisen auf ein Problem hin, das den Weg hin zu einer Regulierung nicht gerade erleichtert: das technische Unverständnis in Politik und Verwaltung. Chris Soghoian stellt fest: »Würde der Vorsitzende des Haushaltsausschusses im Senat sagen, dass er nicht wisse, wie man einen Haushalt ausgleicht, oder der Vorsitzende des Finanzmarktausschusses im Repräsentantenhaus nicht wisse, was der Unterschied zwischen einer Aktie und einer Option ist, sie würden ausgelacht werden. Aber es wird noch immer akzeptiert, wenn Politiker Witze darüber machen, dass sie in Technologiefragen keine Ahnung haben. Das ist ein echtes Problem.«

Die technische Ignoranz im politischen Geschäft führte bisher oft zu schlechter Regulierung. Das rückt das ganze Vorhaben in ein schlechtes öffentliches Licht und liefert denjenigen Munition, die in jedem Regulierungsversuch einen Anschlag auf das freie Unternehmertum und das offene Internet wittern. Schlechte Regulierung kann aber auch konkret denjenigen in der Meinungsfreiheit oder digitalen Selbstbestimmung schaden, für die die Regulierung vor allem von Nutzen sein sollte, den Menschen in ihrem digitalen Alltag. Deshalb braucht es für gute Regulierung mehr technisches Grundwissen im politischen Raum, bei den Abgeordneten und ihren Mitarbeitern und in den Aufsichtsbehörden.

Oft sind dort Juristen verantwortlich. Albert Gidari ist selber Jurist und bildet junge Juristen aus. Er ist Direktor für Datenschutz am Center for Internet und Society an der Stanford-Universität. Stanford liegt im Herzen des Silicon Valley, mitten in Palo Alto und nur wenige Kilometer entfernt von den Konzernzentren von Google, Facebook, Hewlett Packard und Tausenden anderen kleinen und großen Unternehmen, die ihr Geld mit Daten und der Digitalisierung verdienen. Die Nähe der Universität zu diesen Firmen ist nicht nur eine räumliche. Viele Firmengründer haben in Stanford studiert, wie Larry Page und Sergey Brin von Google. Gidari sagt: »Juristen müssen mehr Verständnis von Technologie haben als jemals zuvor. Sie müssen über den Horizont hinaus blicken und Veränderungen antizipieren können, wie es die Entwickler in den Unternehmen auch tun müssen, da unsere digitale Welt sich so schnell verändert.«

Der Schweizer Urs Gasser, Direktor des Berkman Klein Center for Internet & Society der Harvard-Universität, ist ebenfalls Jurist. Er bestätigt: »Es gibt eine Art Wahrnehmungsproblem in Bezug auf Regulierung. Regulierung wird sehr oft als etwas Innovationsfeindliches wahrgenommen. Regulierung ist immer das, was man nicht machen darf. Ich glaube, das ist eine starke Verkürzung der Rolle von Regulierung und von Recht, ein nicht hilfreiches Verständnis. Regulierung kann Möglichkeitsräume eröffnen und muss diese nicht schließen. Natürlich gilt, dass wir an manchen Stellen ganz klassische Regulierung brauchen, um zu markieren, was nicht erlaubt ist, und um damit auch die Entscheidung zu kommunizieren, wo die Grenzen sind.«

Und genau darum geht es. Die Geschichte der Erdölbranche im 20. Jahrhundert hat gezeigt, dass es möglich ist, etwas so Großes und Globales wie einen weltumspannenden Wirtschaftszweig zu regulieren. Es wurden und werden viele Fehler dabei gemacht. Vor allem war man zu spät dran. Aber gute und damit vorkehrende Regulierung von Daten ist machbar, sei es, wenn es um die Datenkonzentration bei Unternehmen oder die Möglichkeiten künstlicher Intelligenz geht. Zum Schutz und zum Nutzen unserer Demokratie und zur Stärkung der Menschenrechte und Selbstbestimmung.

7. Nachhaltigkeit

Um zu einer wirksamen und vorausschauenden Regulierung zu gelangen, wäre es zunächst einmal notwendig, bei allen Beteiligten – staatlichen Akteuren, Unternehmen, Bürgern – eine Art Minimalkonsens herzustellen, wie eine »gute Regulierung« aussehen muss, und eine gemeinsame Vorstellung davon zu bekommen, wohin die Reise eigentlich gehen soll. Auch hier kann ein Blick auf die Geschichte des Erdöls erhellend sein.

Ein langer Weg zu wirksamer Regulierung

1911 entschied der Oberste Gerichtshof der USA, dass Standard Oil gegen das Wettbewerbsrecht verstoße und zu entflechten sei. Dieser Entscheidung ging ein jahrelanger Streit voraus. Der Kampf gegen Monopole spielte im Präsidentschaftswahlkampf von Theodor Roosevelt eine entscheidende Rolle. Für Firmengründer John D. Rockefeller war die Entscheidung zur Entflechtung seines Unternehmens letztendlich ein Geldsegen. Die regionalen Tochtergesellschaften, die nach der Zerschlagung entstanden, führten dazu, dass sich sein Vermögen in den Folgejahren vervielfachte.

Eine »Zerschlagung« wird heute immer wieder im Zusammenhang mit Google gefordert. Das Unternehmen hat bereits strukturelle Veränderungen vorgenommen und im Herbst 2015 die Holding Alphabet Inc. gegründet, als Dachgesellschaft, unter der jetzt zahlreiche Firmen zusammengefasst sind, unter anderem Google Inc. Dies ist bei weitem noch keine Entflechtung im wettbewerbsrechtlichen Sinne, zumal die Datenmacht des Unternehmens bestehen bleibt, da es sich mit der Zustimmung zu den Nutzungsbedingungen die Einwilligung geben lässt, die Nutzerdaten im Konzern auszutauschen. So entstehen die riesigen Datenprofile, indem aus allen Bereichen, von der Suche über YouTube bis hin zu anderen Diensten wie Gmail Daten zusammenfließen, da all diese Dienste weiterhin unter dem Namen Google als Konzernsparte laufen.

Eine regelrechte Entflechtung wie bei Standard Oil könnte aus Sicht der Eigentümer finanziell sogar Sinn ergeben. Das Unternehmen Alphabet besitzt so viele wertvolle Marken und Firmen, die als wirklich eigenständige Unternehmen vermutlich wertvoller wären als gebündelt im Konzern. Doch eine Entflechtung würde auch die Datensilos von Google und Co. sprengen und die Verknüpfung über Dienste hinweg beenden, und das liegt selbstverständlich nicht in ihrem Interesse.

Beim Öl konzentrierte sich die Regulierung in den ersten Jahrzehnten auf die Wettbewerbsfragen wie fairer Zugang zum Markt, Kampf gegen Preisabsprachen oder die Bildung von Kartellen. In Texas wurde mit dem Ölboom auch die Regulierung angezogen, und die Railroad Commission of Texas war fortan auch für Öl-Pipelines und Ölförderquoten zuständig. Die Fördervorgaben sollten dazu führen, dass keine Überproduktion stattfand, um den Ölpreis stabil zu halten, denn mit der Entdeckung neuer Ölfelder in Ost-Texas Anfang der dreißiger Jahre sank der Ölpreis zwischenzeitlich auf 25 Cent pro Barrel. Diese Förderquotenpolitik diente letztendlich als Vorbild für die OPEC, nämlich über die Fördermengen Einfluss auf den Ölpreis zu nehmen. Da die USA zur Zeit der Railroad Commission of Texas ein wichtiges Ölförderland war, hatte die regionale Regulierung auch global Einfluss auf den Preis.

Es dauerte aber weitere Jahrzehnte, bis eine Regulierung der Ölindustrie außerhalb von Wettbewerbs- und damit Preisfragen stattfand. Die externen Effekte von Öl, wie die Luftverschmutzung oder die erheblichen Schäden aus Ölkatastrophen mit der Zerstörung ganzer Naturregionen, wurden erst ab den siebziger Jahren ernsthaft thematisiert. In den USA lag dies wesentlich daran, dass für die Regulierung die einzelnen Bundesstaaten zuständig sind, abgesehen von der Offshore-Ölförderung, die eine Bundesangelegenheit ist. Und in den einzelnen Bundesstaaten standen stets andere, regionale Interessen im Vordergrund. Die überregionalen, um nicht zu sagen: globalen Probleme, für die das Öl mitverantwortlich war und ist, blieben außen vor. Es dauerte letztendlich bis 2015 und der Pariser Klimakonferenz, dass auf die Folgen des Klimawandels, den der Mensch seit vielen Jahrzehnten auf der Erde vorantreibt, endlich auf die einzig angemessene Weise reagiert wurde: nämlich auf globaler Ebene.

Nachhaltigkeit als Lösung?

Schon immer hat der Mensch Raubbau betrieben und musste sich mit den Folgen seines Tuns auseinandersetzen. Bewusst als Problem wahrgenommen, wurde dies mit einer sich abzeichnenden Holznot bereits im 16. und 17. Jahrhundert diskutiert, als erstmals auch Nachhaltigkeit als Begriff im ökologischen Zusammenhang angeführt wurde. Forstämter entstanden nicht zuletzt aus dem Grund, den Baumbestand als Rohstoffquelle zu sichern. Dies geschah mittels der Erfassung des Waldes, also einer Datenerfassung, um damit eine Planungsgrundlage für die Zukunft zu schaffen. Förster zählten die Bäume, beurteilten ihren Zustand, beschrieben die Bodenqualität. Ein riesiges Datenprojekt, denkt man an die Milliarden Bäume, die in den Wäldern Europas standen. Die Lehre, die man aus gerodeten Wäldern zog, war hingegen denkbar einfach: Man kann hier einen Vorläufer unserer heutigen Forderung nach »Nachhaltigkeit« erblicken.

Ulrich Grober hat sich in Büchern und Aufsätzen mit dem Nachhaltigkeitsbegriff auseinandergesetzt. Wir treffen uns in einem Café in Herten. Es befindet sich direkt neben der Zeche Ewald, einem Steinkohlebergwerk, das erst 2001 stillgelegt wurde, nachdem es über 120 Jahre in Betrieb war. Die Gebäude neben dem Parkplatz des Cafés sind teilweise recht heruntergekommen – Denkmäler der Industriekultur. Man kann sich kaum vorstellen, dass hier vor fünfzehn Jahren noch Steinkohle gefördert wurde. Ulrich Grober hat selber auf der Zeche gearbeitet. Das ist allerdings Jahrzehnte her. Er fühlt sich der Zeche aber immer noch verbunden, kommt regelmäßig mit dem Fahrrad vorbei.

Was Öl in den USA ist, war Kohle für Deutschland: Rohstoff für die Modernisierung, Grundlage für den wirtschaftlichen Aufschwung, insbesondere in den Nachkriegsjahren. Ich spreche mit Ulrich Grober über sein Lieblingsthema, die Nachhaltigkeit. Eine berühmte Definition von »Nachhaltigkeit« findet sich im sogenannten »Brundtland-Bericht« der Weltkommission für Umwelt und Entwicklung der Vereinten Nationen aus dem Jahr 1987: »Nachhaltige Entwicklung ist eine Entwicklung, die den Bedürfnissen der heutigen Generationen entspricht, ohne die Möglichkeiten künftiger Generationen zu gefährden, ihre eigenen Bedürfnisse zu befriedigen.«

Der Bericht, der nach der damaligen norwegischen Ministerpräsidentin benannt wurde, die der Kommission vorstand, stellt die ökologischen Fragen der Nachhaltigkeit in den Mittelpunkt. Er zeichnet das Bild eines akut bedrohten Planeten. Ulrich Grober weitet diese Definition aus: »Es geht um neue Muster von Konsum und Produktion. Die Stellschrauben, die gedreht werden müssen für eine positive Veränderung. Nachhaltigkeit muss als eine Ethik angesehen werden, das Nachhaltigkeitskonzept muss in die Debatte um unsere Werte eingebettet werden.«

Die Nachhaltigkeitsdiskussion, die die zweite Hälfte des 20. Jahrhunderts geprägt hat, u. a. mit kontroversen Büchern wie *Die Grenzen des Wachstums* des Club of Rome, hat das Verhalten der Menschen in ihrem Umgang mit Öl und anderen begrenzt verfügbaren Rohstoffen verändert. Der fast zeitgleich stattfindende drastische Ölpreisanstieg der ersten Ölkrise führte dazu, dass Ölsparen populär wurde. Die nachfolgenden Diskussionen drehten sich dabei nicht nur um die Fragen der Umwelt und der begrenzten Verfügbarkeit der Rohstoffe. Gerade bei Öl ging es um Fragen der Aufsicht und Regulierung und insbesondere auch um die menschenrechtliche Dimension des Handels globaler Ölkonzerne sowie das Zusammenspiel zwischen Ölstaaten und Ölunternehmen. Eine solche Diskussion, die Millionen Menschen weltweit erfasst hat, die Bewegungen in allen Teilen der Welt auslöste, den Globalisierungsdiskurs prägte, die Umweltbewegung zu einem zentralen gesellschaftlichen und politischen Akteur werden ließ, die Umweltregulierung auf die Tagesordnung setzte, mit konkreten Zielvorgaben, aber auch Sanktions- und Kontrollmöglichkeiten, eine solche Diskussion brauchen wir jetzt auch um Daten und den digitalen Wandel unserer Gesellschaften. Diese Debatte geht deutlich weiter als die Auseinandersetzung um Datenschutz oder die Diskussion um die ethischen Aspekte im Zusammenhang mit künstlicher Intelligenz. Es geht um Grundsatzfragen unseres Zusammenlebens, um Werte und Ziele und wie wir sie im Einklang mit dem technologischen Fortschritt erreichen wollen.

Dennis Hirsch beschäftigt sich als Juraprofessor an der Ohio State University mit dem Zusammenhang von Umweltregulierung und Datenschutz. Für ihn steht fest: »Die Veränderung unserer Welt durch Daten ist wie der Klimawandel: Es geschieht allerorten um uns herum, es ist entscheidend für die Zukunft auf dem Planeten und die menschliche Spezies. Jetzt geht es darum, unsere digitale Gesellschaft so zu gestalten, das wir vor allem Vorteile aus ihr ziehen und die negativen Folgen reduzieren. Es ist die gleiche Herausforderung wie beim Umweltschutz.«

Wie sieht digitale Nachhaltigkeit aus?

Die Initialzündung für einen globalen Diskurs über Nachhaltigkeit in der digitalen Welt hat noch nicht stattgefunden. Noch gibt es keine allgemeine Bewegung, die die Menschen weltweit einen würde. Die Frage nach unserem heutigen Handeln und welche Auswirkung es auf die zukünftigen Generationen hat, treibt aber immer mehr Menschen um. Dabei geht es nicht in erster Linie um die ökologischen Fragen der Digitalisierung – die tatsächlich sehr weitreichend sind: von den sogenannten Seltenen Erden für die Produktion von Mikrochips über den Energieverbrauch für Strom und Kühlung der riesigen Datencenter bis hin zur Wegwerfmentalität aufgrund der kurzen Lebenszyklen von IT-Geräten. Beim Diskurs um digitale Nachhaltigkeit geht es vielmehr um die Fragen einer selbstbestimmten, offenen Gesellschaft. Dabei ist das Thema Macht entscheidend: Wer hat Macht, wie wird sie ausgeübt und wie wird sie kontrolliert?

Ein Blick auf die Umweltgesetzgebung ist hier erhellend. Albert Gidari ist erst seit einem guten Jahr an der Stanford Universität, davor war er jahrzehntelang einer der bekanntesten Datenschutzanwälte an der Westküste. Er verrät mir in unserem Gespräch: »Alles, was ich über Datenschutz weiß, habe ich aus dem Umweltrecht gelernt. Im Industriezeitalter war das Patentrezept, wenn es um Verschmutzung ging, stets: Verdünnung. Heute lautet das Patentrezept, wenn es um persönliche Daten geht, stets: IT-Sicherheit. Mit fortschreitender Rechenkraft hilft dies aber nicht mehr. Wir müssen tatsächlich den Umgang mit Daten regulieren und diese schützen, um uns besser gegen Schäden abzusichern. Außerdem gilt für Datenverschmutzung wie für Umweltverschmutzung, dass diese keine Ländergrenzen kennt und daher multinationale Ansätze benötigt werden.«

Wesentliche Erweiterungen und Modernisierungen des Umweltrechts wurden in den achtziger und neunziger Jahren vorgenommen, sowohl in den USA als auch in Europa. Wenn man sich die Gesetze im Einzelnen ansieht, stellt man fest, dass sie sich um drei Aspekte gruppieren: Es geht um *Regulierung*, um *Innovation* und um Stärkung der *Eigeninitiative* des einzelnen Verbrauchers. Dies wäre ein Ansatz, der sich als handlungsleitender Dreiklang auf die Digitalisierung übertragen ließe. Eine Politik, die sich vor guter Regulierung nicht scheut, in dem konkrete Verbote benannt werden. So wie man im Umweltrecht den Einsatz bestimmter Stoffe verboten hat, kann man dies auch bei Daten für den Einsatz in bestimmten Lebensbereichen tun. Dabei kann es um generelle Verbote gehen – zum Beispiel das Verbot, automatisierte Entscheidungssysteme im Bereich des Strafvollzugs einzusetzen. Oder es kann um Pflichten gehen – zum Beispiel die Pflicht, alternative Ansätze anzubieten für Bürger, die ihre Krankenversicherung nicht mittels eines Gesundheits-Scores berechnet haben möchte.

Heutzutage würde niemand mehr eine ambitionierte Umweltregulierung abschaffen wollen. Der Gedanke, externe Effekte politisch mitzudenken, in Form von zusätzlichen Abgaben zu besteuern, ist heutzutage längst eine Selbstverständlichkeit. Unternehmen, die den im Umweltschutz formulierten Zielvorgaben nicht folgen, können so leicht als unethisch gebrandmarkt werden. Doch in der digitalen Welt wird Regulierung noch immer als Gängelung empfunden und als rückständig oder technologiefeindlich denunziert. Oft führen Vertreter dieser Sichtweise Beispiele von Regulierungen an, die in der Tat schlecht sind und von technischer Unwissenheit aufseiten des Gesetzgebers zeugen. Ähnliches gibt und gab es auch im Umweltschutz. Deswegen müssen wir klar unterscheiden zwischen schlechter Regulierung und guter Regulierung. Gute Regulierung ist entscheidend für die Gestaltung des digitalen Wandels.

Entscheidend für den Erfolg der Regulierung ist eine Politik, die genaue Ziele vorgibt und so für Klarheit und Offenheit sorgt. Nur so wird verhindert, dass die Technologieentwicklung gebremst wird. In Umweltfragen kann man dies an vielen Stellen sehen, zum Beispiel bei der Luftverschmutzung oder bei der Energieeffizienz oder in Bezug auf den Ölverbrauch. Hier werden Jahreszahlen und Reduktionsziele vorgegeben. Industrie und Wissenschaft müssen dann daran arbeiten, wie man diese Ziele erreicht, zum Beispiel durch bessere

Filtersysteme, bessere Motoren oder andere Effizienzmaßnahmen. Mit konkreten Zielen und Zeitvorgaben können Unternehmen arbeiten. (Es sei denn, sie scheitern an den Zielen und müssen manipulieren, wie wir es bei den Dieselmotoren zahlreicher Autohersteller in Bezug auf den Schadstoffausstoß erlebt haben.) Darauf aufbauend können sie abwägen, ob sie mehr Investitionen in die Forschung und Entwicklung stecken und ob sie einzelne Angebote eventuell einstellen, weil sie nicht mehr in die Zeit passen. Ähnliche Vorgaben kennen wir beim Umweltschutz im Verkehr, in der Logistik oder auch in der Chemie. In Japan gilt der Top-Runner-Ansatz. Er gibt die Verbrauchswerte des jeweils energieeffizientesten Produktes als Zielvorgabe vor. Diese Werte müssen dann in einem bestimmten Zeitraum, zum Beispiel fünf Jahren, für alle Produkte am Markt gelten. Damit wird Forschung belohnt und Stillstand bestraft.

Im IT-Bereich ist ein solcher Ansatz bisher nicht existent. Doch es wäre richtig, bei Fragen von datenschutzfreundlichen Angeboten, bei Fragen der IT-Sicherheit, bei Fragen der Transparenz, Datenkonzentration, Infrastrukturregulierung und technischen Offenheit exakt solche technologieneutralen Vorgaben zu machen. Ein Top-Runner-Ansatz würde auch hier funktionieren. Schon heute sorgt der Wettbewerb in bestimmten Digitalmärkten von selbst dafür, dass Unternehmen aufgrund des Kundendrucks Verbesserungen bezüglich Sicherheit oder Effizienz an ihren Produkten vornehmen. Regulierung wirkt auf diese Weise nicht fortschritthemmend, sondern im Gegenteil, sie fördert den technischen Fortschritt, und dies im Sinne digitaler Nachhaltigkeit.

Entscheidend für den Erfolg sind aber nicht nur die Aspekte *Regulierung* und *Innovation*, sondern es geht nicht zuletzt um die *Eigeninitiative* der Menschen. Dies ist ein Wesensmerkmal in der Umweltpolitik. Die Menschen müssen aktiv werden, sie müssen selber nachhaltig handeln, müssen ihren Konsum regulieren, um so Einfluss auf die Industrie zu nehmen. Dazu bedarf es einer umfassenden Aufklärung der Menschen, wie es sie im Bereich Umweltschutz auch gegeben hat. Seit den siebziger Jahren war das Thema Umweltverschmutzung präsent an den Schulen, was dazu geführt hat, dass wir heute nicht mehr darüber diskutieren, ob Umweltschutz sinnvoll ist oder nicht, sondern nur darüber, wie er im Einzelfall auszusehen hat. Im Einzelfall geht es dann etwa um Mülltrennung, damit Rohstoffe recycelt werden; um Labels bei Elektrogeräten, um zu sehen, wie hoch der Energieverbrauch ist; um Angaben auf Verpackungen, die Lebensmittel aus ökologischer Produktion kennzeichnen.

Selbst die beste Regulierung und selbst der stärkste Innovationsanreiz nützt am Ende nichts, wenn das Produkt, um das es geht, nicht von den Menschen angenommen wird. Es geht dabei nicht darum, die Verantwortung auf den »Verbraucher« abzuschieben. Es geht vielmehr darum, alle Beteiligten in einem Prozess zu vereinen und als Bestandteil von Lösungen zu verstehen. Bei Daten und der Digitalisierung erleben wir, dass viele Verbraucher bisher keine aktive Rolle übernehmen wollen. Es herrscht Bequemlichkeit vor. Viele Menschen empfinden es als mühsam, unter den vielen neuen Produkten und Anwendungen auszuwählen oder sich mit vermeintlich schwierigen Themen wie Verschlüsselungen auseinanderzusetzen. Wenn man überlegt, wie unbedarft die westlichen Gesellschaften in den siebziger und achtziger Jahren noch mit Müll umgegangen sind: Kaum einer hatte ein Interesse an einer Reduzierung des Mülls. Müll wurde in der Natur abgeladen, und kaum einer hatte ein schlechtes Gewissen. Durch gezielte Aufklärung ist dann innerhalb von zwei Jahrzehnten eine massive Veränderung eingetreten, die mittlerweile globale Auswirkungen hat. Die einzelnen Menschen übernehmen seither Verantwortung für die Umwelt, und die Wirtschaft hat die Recyclingindustrie entdeckt.

Diese bewussten Handlungen beim Umgang mit

Daten und digitalen Angeboten zu erreichen, ist die große Aufgabe unserer Zeit. Der ökologische Nachhaltigkeitsdiskurs hat den gesellschaftlichen Konsens erzeugt, dass wir zum Schutz unserer Lebensgrundlage nachhaltig leben müssen. Es geht um die Existenz des Menschen, um saubere Luft, sauberes Wasser, um Ressourcen. Dieser gesellschaftliche Konsens ist bei Daten und der Gestaltung der Digitalisierung noch nicht hergestellt. Wir haben uns noch nicht auf ein gemeinsames Ziel digitaler Nachhaltigkeit geeinigt, um den Fortschritt zu gestalten, als Orientierung für Wirtschaft und Wissenschaft, als Eckpfeiler einer Regulierung und als Leitgedanke, der die Menschen zu Eigeninitiative auffordert. Aber was eine nachhaltige digitale Entwicklung ausmachen muss, sollte klar sein. Der Brundtland-Bericht hat es auf den Punkt gebracht, der Ansatz gehört in die digitale Zeit überführt. Es geht darum, die Bedürfnisse der Gegenwart zu befriedigen, *ohne die Freiheit, Selbstbestimmung und Möglichkeiten künftiger Generationen zu gefährden, ihre eigenen Bedürfnisse zu befriedigen und ihren Lebensstil zu wählen*. Der Umgang mit unseren Daten ist dafür entscheidend. Er ist die Grundlage für die Diskussion um digitale Nachhaltigkeit. Denn es geht um gesellschaftliche, aber auch individuelle Selbstbestimmung, um technologische Souveränität und Offenheit, um die Wahrung der Menschenrechte und deren Durchsetzung gegenüber Staaten und Unternehmen. Es geht um ein freies und offenes Internet, als Basis für freie und offene Gesellschaften. Es geht um das gute Leben in Zeiten der Digitalisierung.

Lawrence Lessig, mit dem ich darüber sprach, ist leider weniger optimistisch als ich. »Wir haben es nun einmal nicht mit einer sichtbaren Form von Verschmutzung zu tun. Wir haben es nicht mit der Zerstörung unserer Umwelt zu tun wie beim Öl, an der die Menschen Anstoß nehmen können. Stattdessen gibt es Tausende kleine datengetriebene Verletzungen unserer Rechte. Bei der Umweltverschmutzung gab es zudem den Konsens, wer für die Verschmutzung verantwortlich ist, muss dafür bezahlen. Regierungen haben daraufhin externe Kosten für die Umwelt und Gesellschaft als Kosten der Unternehmen internalisiert. Es gab eine Aufgabe für die Regierungen, privates Handeln zu regulieren. Diese Aufgabe für Regulierung wollen führende Köpfe der IT-Branche bei Daten und der Digitalisierung nicht akzeptieren. Governance ist für sie kein Thema.«

Eine »Datenverschmutzung«, also die negativen externen Folgen der Datenverarbeitung, kann aber auch spür- und sichtbare Folgen haben: Man denke an die

Manipulation von Daten, um falsche Schlussfolgerungen zu erzeugen. Oder die bewusste Veröffentlichung von Daten, die nicht veröffentlicht werden sollen, um Menschen bloßzustellen. »Datenverschmutzung« kann aber in Form falscher und fehlerhafter Daten stattfinden, die dann in einem automatisierten Entscheidungssystem zu negativen Folgen für den Einzelnen führen, zu höheren Kreditzinsen, Einreiseverboten in andere Länder oder vorurteilsbelasteten Entscheidungen. Ziel muss es sein, wie bei der Umweltverschmutzung, Schäden durch gute Regulierung zu verhindern und ansonsten die externen Kosten vom Verursacher zahlen zu lassen. Wie bei Umweltverschmutzungen darf der Staat als handelnder Akteur bei der Regulierung nicht ausgenommen sein. Er darf durch sein Handeln, wie Geheimdiensttätigkeiten oder durch das bewusste Offenhalten von IT-Sicherheitslücken und Schwachstellen, nicht Mitverursacher sein.

Lenkt man das Augenmerk in der Debatte um die Gestaltung unserer digitalen Zukunft zudem auf kommende Generationen, werden auch manche Skeptiker nachdenklich. Das stelle ich fest in den öffentlichen Diskussionsrunden, die ich zu dem Thema veranstaltet habe. Auch Jer Thorp hält viele Vorträge zum Thema Daten. Es geht dabei nicht nur um seine künstlerischen Arbeiten, sondern auch um die Relevanz von Daten für das gesellschaftliche Zusammenleben. In seinen Vorträgen stellt er gern die Frage: »Was für eine Zukunft erschaffen wir gerade für unsere Kinder und Enkel?« Diese Frage lässt kaum jemanden kalt. Wollen wir wirklich, dass Geheimdienste oder Unternehmen die Mails und sämtliche privaten Daten unserer Kinder und Enkel lesen können?

Die Internetforscherin Jeanette Hofmann stellt sich und uns dieselbe Frage: »Wollen wir denn wirklich, dass sich sämtliche intimen Informationen über die nächste Generation von Beginn an in den Händen von Dritten befinden? Was bedeutet es für die Entwicklung von Persönlichkeit und Individualität, wenn Abweichung und Eigenheiten mit so viel Ambivalenz konnotiert sind? Schon immer hat Originalität damit zu kämpfen, dass sie als Normabweichung gilt. Wird die Normabweichung positiv gesehen, feiern wir sie, wird sie negativ bewertet, strafen wir sie ab. Stellt man sich dies übertragen auf quantifizierte Profile vor, wird die Wahrscheinlichkeit der Abstrafung für nicht normgerechtes Verhalten viel größer.«

Wozu führt es, wenn von Geburt an alle Lebensäußerungen eines Menschen aufgezeichnet werden? Das Verhalten in Kindergarten und Schule, erste Liebe, wilde Partynächte. Wo bleibt die Freiheit, unbeobachtet aufwachsen zu können? Handeln zu können, ohne Angst zu haben, dass dies bei der Jobauswahl irgendwann einmal negative Folgen haben könnte. Ist nicht leicht einzusehen, dass Konformität für junge Menschen zum Selbstzweck werden würde, wenn jede Auffälligkeit automatisch gespeichert wird? Ein solches Denken über digitale Nachhaltigkeit mit ihrer Datenverschmutzung und Folgen für kommende Generationen könnte trotz der Skepsis von Lawrence Lessig tatsächlich Wirkung entfalten und eine Bewegung auslösen.

Die Diskussion muss beginnen

Der Nachhaltigkeitsdiskurs beim Thema Öl war verbunden mit Aktionen und Provokationen, die ausgingen von einer interessierten und engagierten Öffentlichkeit. Genau dies benötigen wir auch bei der Diskussion um digitale Nachhaltigkeit. Der Konsens über die Ziele einer nachhaltigen Digitalisierung kann nicht verordnet werden. Er muss offen für alle Argumente sein und ohne Voreingenommenheit diskursiv erarbeitet werden. Es braucht dafür eine Bewegung, die diesen Diskussions- und Veränderungsprozess vorantreibt, das gemeinsame Ziel erarbeitet und für das notwendige Umdenken eintritt. Es braucht strategische Klagen, um dem Recht zu seinem Recht zu verhelfen, auch im digitalen Zeitalter. Es braucht auch Personen des öffentlichen Lebens, Prominente, die einer solchen Bewegung ihre Stimme und ihr Gesicht leihen, wie dies Elizabeth Warren beim Thema Regulierung der Finanzmärkte oder Ralph Nader beim Verbraucherschutz in den USA getan haben. Denn wir dürfen diesen neuen technischen und datengetriebenen Möglichkeiten nicht sprachlos gegenüberstehen, sondern müssen über sie sprechen, sie hinterfragen und damit die Auseinandersetzung darüber vorantreiben. Dazu braucht es Orte, an denen man zu Debatten und gemeinsamen Aktionen zusammenkommt, und eine kritische Wissenschaft, die querdenkt.

In den siebziger und achtziger Jahren hatte man damit begonnen, Institutionen zu schaffen, um gemeinsame Datengrundlagen zu schaffen, auf denen aufbauend man Diskussionen führen und Entscheidungen treffen kann. So wurden das UN-Umweltprogramm (UNEP) gegründet sowie die Internationale Energieagentur (IEA) in Paris, und später von der UNEP der Zwischenstaatliche Ausschuss für Klimaänderungen (IPCC), auch »Weltklimarat« genannt, ins Leben gerufen. Ziel dieses Prozesses war es, Informationen zu sammeln, Analysen vorzubereiten, die eine weiterführende gesellschaftliche Diskussion erlaubten. Ein solcher Ansatz ist auch in der Debatte um nachhaltige Digitalisierung notwendig. Die IEA war zum Beispiel dafür zuständig, eine transparente Informationssammlung zum Thema Ölverbrauch und Liefermengen zu erstellen und strategische Ölreserven aufzubauen. Der damalige Bundeskanzler Helmut Schmidt hatte während der ersten Ölkrise 1973/74 beklagt, dass es an Daten fehle, um die Situation richtig beurteilen zu können. Hier sprang die IEA ein, um die Länder – aktuell hat sie 29 Mitgliedsstaaten – mit Informationen zum Ölmarkt zu versorgen und auch strategische Reserven zu koordinieren. Auch in Sachen Digitalisierung wäre es denkbar, Informationen zur Datenwirtschaft zusammenzutragen. Es müsste dabei um grundlegende Informationssammlungen gehen, um Fragen der Verteilung von Daten sowie Marktbeobachtung, aber auch um Fragen der Datensicherheit, um die Durchleuchtung von Machtstrukturen. So stünde im Ernstfall, im Fall einer »Datenkatastrophe«, eine Institution bereit, um Datenkapazitäten von betroffenen Ländern zu sichern und um staatliche Daten zu schützen.

Bislang sind es vor allem die Unternehmen, die uns darüber informieren, was ihre Produkte zu leisten imstande sind, was Datenvolumen, Übertragungsgeschwindigkeiten, Speicherkapazitäten und Sicherheitsfragen angeht. Natürlich haben diese Unternehmen ein Interesse daran, ihre Produkte als das jeweilige Nonplusultra zu verkaufen. Eine unabhängige Institution zur internationalen Marktbeobachtung könnte hier objektive Kriterien einführen und damit nicht nur die Grundlage für öffentliche Diskussionen schaffen, sondern auch eine reale Ausgangsbasis für die politische Regulierung.

Für Teilaspekte könnte man auch Expertengremien nach Vorbild des Weltklimarats einrichten, um den internationalen Diskurs zu befördern, egal ob zu grundlegenden ethischen Fragen wie bei der künstlichen Intelligenz oder auch zu Sicherheitsaspekten. Damit würde man Strukturen aufbauen, die anderen Zielen folgen als die bisherigen relevanten Zusammenschlüsse, die unsere digitale Welt prägen, wie die »Internet Engineering Task Force« (IETF) oder das »World Wide Web Consortium« (W3C), die sich mit Standardisierungsfragen beschäftigen. Natürlich verstehen sich diese Gremien als unpolitisch, doch mit jeder Entscheidung über Protokolle und Standards wird auch Politik gemacht, wie Lawrence Lessig betonte, als er das Schlagwort prägte: »Code is law.« Sowohl in der IETF als auch dem W3C arbeiten die Unternehmen zusammen, was natürlich sinnvoll ist, um immer auf dem neuesten Stand zu sein und Veränderungen schnell umsetzen zu können. Aber um zu einer Einschätzung von technischen Neuerungen in gesamtgesellschaftlicher Hinsicht zu gelangen, braucht es einen weiteren Wissenshorizont. So wie beim Weltklimarat (IPCC) nicht nur Klimawissenschaftler diskutieren, sondern auch Soziologen und Ingenieure, könnte es auch hier Expertenpanels geben, die Sachstandsbeschreibungen liefern und Empfehlungen für global notwendige Veränderung aussprechen. Ähnlich wie beim Klimawandel gilt auch beim digitalen Wandel, dass kleinste Veränderungen große Wirkungen haben können und dass diese Wirkungen alle Menschen betreffen.

Neben dem dreigliedrigen Ansatz zur Gestaltung unserer digitalen Zukunft, den ich unter den Stichworten *Regulierung, Innovation* und *Eigeninitiative* skizziert habe, und der *Schaffung neuer Institutionen,* um Debatten zu ermöglichen und Transparenz zu schaffen, gibt es einen weiteren wichtigen Aspekt, den es zu beachten gilt. Auch können wir aus dem Umgang mit Öl und den Folgen der Nachhaltigkeitsdebatte lernen. Es geht um *alternative Ansätze des Wirtschaftens und von Wachstum.* Bei Öl und anderen fossilen Brennstoffen geht es darum, das Wirtschaftswachstum abzukoppeln vom steigenden CO_2-Ausstoß und Verbrauch endlicher Ressourcen. Es geht aber auch darum, durch technologischen Fortschritt Alternativen zu schaffen. Im Energiebereich haben erneuerbare Energien diesen Siegeszug angetreten, vor allem um die klimafeindliche Kohleverbrennung zu beenden, aber auch um Öl als Antriebsstoff abzulösen. Ökostrom wird unsere Mobilität der Zukunft garantieren. Was vor hundert Jahren der Verbrennungsmotor losgetreten hat – die Massenmobilität auf der Straße, auf dem Wasser und in der Luft –, wird zukünftig Strom aus erneuerbarer Energie sein und damit Öl vom wichtigsten globalen Markt verdrängen. Der Zeitrahmen für diese Veränderung betrifft wenige Jahrzehnte. Erste Länder haben bereits angekündigt, in zehn bis fünfzehn Jahren keine Autos mit Verbrennungsmotor mehr neu zuzulassen. Dabei hat man aus Akzeptanzfehlern früherer Umweltregulierung gelernt. Es geht nicht darum, etwas komplett zu verbieten, das Autofahren an sich etwa, sondern darum, es so ökologisch nachhaltig wie möglich zu machen. Der Umstieg von Öl auf elektrischen Strom ist dabei eine Revolution für eine der größten Industriebranchen der Welt. Um das hochgesteckte Ziel zu erreichen, braucht es viel mehr Strom aus erneuerbaren Quellen als bislang. Der Wettlauf um diese Quellen hat begonnen, der Mix aus den drei ganz großen Sektoren Wasserkraft, Windkraft und Sonne ist weltweit auf dem Markt sichtbar. Deutschland hat hier eine Vorbildfunktion, denn ein großes westliches Industrieland hat gezeigt, dass mit kluger Regulierung in sehr kurzer Zeit sehr viel im Energiemarkt bewegt werden kann. Jetzt rüsten größere Länder um, insbesondere die USA und China. In einem verhältnismäßig kurzen Zeitraum wurden so in der Energiewirtschaft althergebrachte Denk- und Verfahrensweisen komplett umgekrempelt: Die Wirtschaft zielt jetzt auf das Wachstum der Produktion erneuerbarer Energien ab und koppelt sich so von fossilen Energieträgern ab, die so entscheidend für den Wohlstand der vergangenen 150 Jahre waren. Und man setzt auf dezentrale Strukturen, auf ein Netz von Millionen Photovoltaikanlagen, kleinen wie großen, von Hunderttausenden Windrädern, die genügend Strom produzieren, um damit den Energie- und auch Wärmebedarf zu decken.

Auch unsere digitale Welt ist für ein solches Wirtschaften geeignet. Die monopolartigen Strukturen, zum Beispiel bei Suchmaschinen oder sozialen Netzwerken, sind alles andere als zwingend. Die digitale, vernetzte Datenwelt wurde konzipiert als dezentrales Netzwerk mit hoher Eigenständigkeit jedes Einzelnen, mit der Möglichkeit, selber einen E-Mail-Server zu betreiben oder seine Daten zu verändern und zu verarbeiten. Heinz Bude spricht deshalb davon, dass die Phase der ursprünglichen Akkumulation des Datenzeitalters, aus der die gegenwärtigen Machtstrukturen sind und die für die Pioniergewinne verantwortlich war, zu Ende geht, und dass jetzt eine Phase der Aneignung des Möglichen eintreten wird. Es liegt an uns, zu gestalten, was möglich ist.

Sind Daten das Öl des 21. Jahrhunderts?

Nein, sie sollen es nicht werden. Und selbst wenn sie es wären, es wäre egal. Viel wichtiger ist es, aus der Geschichte und dem Umgang mit Öl zu lernen und dafür Sorge zu tragen, dass nicht nur wenige, sondern viele Menschen von Daten profitieren und es bei Daten nicht zu politischen, wirtschaftlichen und gesellschaftlichen Machtmonopolen kommt wie im Ölzeitalter. Wir stehen gerade an einer Wegscheide. Wir können weitermachen wie bisher: Wir können die Probleme ausblenden, externe Effekte negieren, passiv auf die jeweils neusten Innovationen reagieren, die vornehmlich von Profitinteressen getrieben sind. Oder wir können aus den Erfahrungen für Freiheit, Gesellschaft, Sicherheit und Demokratie des Ölzeitalters lernen. Wir können eintreten für technologische

Offenheit, also für die Offenheit von Systemen, Standards und Verfahren, um der Bildung und Festigung von Monopolen zu begegnen und Selbstbestimmung zu fördern. Wie im Energiemarkt in Deutschland auf einmal Hunderttausende Hausbesitzer mit der Photovoltaikanlage auf dem Dach zum Stromproduzenten wurden, so können wir alle zur Kontrollinstanz für unsere Daten werden. Es muss um Selbstbestimmung im digitalen Zeitalter gehen.

Keine Frage: Es wird weiterhin zentrale Infrastrukturen geben, Seekabel und Rechenzentren. Die Abhängigkeiten und Zentralisierung dieser Systeme und Netzwerke in der Hand weniger können aber durchbrochen werden durch gute Regulierung und durch die Initiative jedes Einzelnen für mehr Unabhängigkeit. Vielleicht wird man in Zukunft dann nicht mehr von Daten als dem neuen Öl sprechen, sondern von Daten als den neuen erneuerbaren Energien. Erneuerbare Energien bringen auch Probleme mit sich, die positiven Effekte übertreffen diese aber bei weitem. Erneuerbare Energien sind die Antwort auf Öl, Kohle und Atomenergie, weil der ökologische Nachhaltigkeitsdiskurs die Menschen zum Umdenken gebracht und ihr Handeln verändert hat. Dieses Handeln wird auch im Digitalisierungsprozess von Erfolg gekrönt sein, wenn wir begreifen, dass ein kluger Umgang mit

Daten im Sinne digitaler Nachhaltigkeit der ganzen Gesellschaft zugute kommt, wie der kluge Umgang mit erneuerbaren Energien zeigt. Und wie bei den erneuerbaren Energien wird der kluge Umgang mit Daten die weitreichendsten Folgen haben: im Sinne der Verteilung von Macht, von Nachhaltigkeit und von Zukunftsfestigkeit. Deswegen brauchen wir den Diskurs über digitale Nachhaltigkeit, um die Richtung festzulegen und den Veränderungsprozess politisch zu gestalten. Um auch kommenden Generationen zu ermöglichen, in der digitalen Welt ein selbstbestimmtes Leben führen zu können.

Eine Synopsis: Zwölf Thesen für den Diskurs

1. Wir müssen als Gesellschaften den Schwarz-Weiß-Diskurs um unsere digitale Zukunft überwinden, weg von den Rändern der Diskussion, rein in die Mitte. Es braucht die gemeinsame Diskussion und Formulierung von Zielen für einen gesellschaftlichen und politischen Gestaltungsanspruch des 21. Jahrhunderts.

2. Öl und Daten verbindet die enorme Macht, die von ihnen ausgeht, auf den einzelnen Menschen, auf ganze Gesellschaften und auf unsere Demokratie. Es ist

unsere Verantwortung, bei der Macht der Daten nicht wegzuschauen oder blind zu werden, sondern wir müssen die Macht der Daten erforschen, hinterfragen, regulieren und damit gerecht verteilen und ganzheitlich in den Blick der Öffentlichkeit und Politik rücken.

3. Öl prägte das 20. Jahrhundert wie kein anderer Rohstoff. Die Folgen der massiven Ölförderung und des Konsums wurden aber zu lange ignoriert. Diesen Fehler dürfen wir bei Daten nicht wiederholen. Externe Effekte müssen benannt werden und wirtschaftlich eingepreist werden. Wir müssen den wahren Preis der Verdatung und Digitalisierung zahlen, der alle Kosten dieser Veränderung berücksichtigt, wie zum Beispiel beim Wandel der Arbeitswelt.

4. Sicherheit ist in einer zunehmend unsicher werdenden Welt ein großes Bedürfnis der Menschen. Die Ölkatastrophen der vergangenen hundert Jahre machten Sicherheit zum Kern der Ölwirtschaft. Dies müssen wir auch in der Daten- und Digitalwirtschaft erreichen. Sicherheit darf kein netter Zusatz sein, sondern muss die leitende Idee sein, die allen Menschen garantiert wird, von Sicherheitsupdates bis zum Schutz vor Überwachung. IT-Sicherheit darf keine soziale Frage werden. Wie bei Öl geht es zusätzlich auch um Fragen

der Haftung bei Schäden und Verantwortung für die eingetretenen Folgen.

5. Der immer weiter wachsende Einfluss von global agierenden Daten- und IT-Unternehmen wird nicht aufhören. Wir müssen deshalb ihre soziale und gesellschaftliche Verantwortung klar festschreiben und Menschenrechte ihnen gegenüber einklagbar machen. Wir müssen ihre Macht begrenzen, die Datenmacht wie ihre Wettbewerbsmacht.

6. Dezentralität und technische Offenheit muss in unserer Datenwelt zunehmen, so wie es im Energiebereich mit erneuerbaren Energien auch gelungen ist. Umso wichtiger ist es aber, dass wir die Kontrolle und das Eigentum zentraler Infrastrukturen unserer Zukunft behalten und auch dezentral und offen gestalten. Denn Monopole bei der Dateninfrastruktur gefährden unsere Zukunft. Dem Streben Chinas dürfen wir nicht tatenlos zuschauen. Ein chinesisches zensiertes Internet darf nicht die Welt dominieren, genauso wenig ein Internet, das vor allem den Profitinteressen weniger Konzerne folgt.

7. Öl machte in vielen Ölexportländern die Herrscherfamilien sehr reich, bei der breiten Bevölkerung

kam aber wenig an. Beim Umgang mit dem Reichtum aus Daten sollten wir deshalb dem Modell Norwegen folgen und die gesamte Gesellschaft am neuen Reichtum teilhaben lassen. Denn eine bessere Umverteilung des Reichtums aus Daten ist notwendig.

8. So wie der Klimawandel nicht an Landesgrenzen haltmacht, ist auch der Datenfluss kein nationales Phänomen. Wir müssen daher internationale Strukturen für die Aufsicht und die Marktbeobachtung im Zusammenhang mit Daten und der Digitalisierung aufbauen.

9. Wir brauchen mehr unabhängige Forschung und damit Wissen darüber, wie der digitale Wandel ablaufen kann und wie er zu gestalten ist.

10. Mit dem Siegeszug des Silicon Valley ging eine Kultur einher, die staatliche Regulierung zunehmend ablehnt. Doch wir brauchen Regulierung, und zwar gute Regulierung, um die digitale Zukunft zu gestalten. Gute Regulierung ermöglicht den technischen Fortschritt, den wir brauchen, gibt ihm eine Richtung im Sinne des Allgemeinwohls. Hier hat Europa eine besondere Verantwortung, voranzugehen und zum globalen Standardsetter zu werden.

11. Damit gute Regulierung erfolgreich ist, braucht es den Dreiklang aus Regulierung, Innovation und Eigeninitiave. Wir müssen Innovationen befördern, indem wir klare Ziele setzen, und wir müssen die Menschen ermuntern, aus der Bequemlichkeit auszubrechen und selbst die Initiative zu ergreifen. Jeder Menschen sollte aktiv an der Gestaltung des digitalen Wandels und unserer Datenwelt teilnehmen, auch indem bewusster gehandelt und konsumiert wird.

12. Entscheidend für die Zukunft wird sein, die gemeinsamen Ziele zu formulieren, in die unsere Zukunft gehen soll und dabei künftige Generationen im Blick zu haben. Wir brauchen einen gesamtgesellschaftlichen Nachhaltigkeitsdiskurs, um die Ziele digitaler Nachhaltigkeit zu formulieren. Denn nachhaltige digitale Entwicklung ist Entwicklung, die die Bedürfnisse der Gegenwart befriedigt, ohne die Freiheit, Selbstbestimmung und Möglichkeiten künftiger Generationen zu gefährden, ihre eigenen Bedürfnisse zu befriedigen und ihren Lebensstil zu wählen.

Dank

Für ihre Gesprächsbereitschaft danke ich Alessandro Acquisiti, Julia Angwin, Blaise Agüera y Arcas, Joel Beinin, Solon Boracas, Heinz Bude, Ryan Calo, Kate Crawford, Kate Darling, Marcel Dickow, Bennett Freeman, Ole Franke, Batya Friedman, Urs Gasser, Albert Gidari, Rüdiger Graf, Ulrich Grober, Martin Halliger, Dave Heiner, Dennis Hirsch, Jeanette Hofmann, Kent Larson, Lawrence Lessig, Rebecca MacKinnon, Viktor Mayer-Schönberger, Jürgen Müller, Jörg Niegsch, Beth Simone Noveck, Joe Nye, Sandy Pentland, Volker Perthes, Andreas Rödder, Saskia Sassen, Bruce Schneier, Hardy Schramm, Adam Segal, Micah Sifry, Christopher Soghoian, Felix Stalder, Jer Thorp, Hal Varian, David Vladeck, Sara M. Watson, Eugen Weinberg, Daniel Weitzner, Johnny West, Kirsten Westphal, Ethan Zuckerman.

Nicht alle Gespräche, die zu diesem Buch geführt wurden, finden sich mit namentlichen Zitaten darin wieder. Einige Gesprächspartner baten um Vertraulichkeit. Auch ihnen danke ich.

Außerdem danke ich Kai Biermann, Ulf Buermeyer, Rüdiger Graf, Jeanette Hofman und Henning Türk, die mir mit ihrer Sachkenntnis zur Seite gestanden haben.

Ich danke dem Bucerius Lab der ZEIT-Stiftung Ebelin und Gerd Bucerius für das Fellowship und Unterstützung zu diesem Thema.

Ich danke Heiko Arntz für das Lektorat.

Und ich danke Patricia Vice-Theron und Klaus Solarte, die sowohl die auf Deutsch als auch die auf Englisch geführten Gespräche schnell und gut transkribiert haben.

In dem Buch wurde aus stilistischen Gründen in der Regel nur die männliche Schreibform verwendet, nicht eine geschlechtergerechte und inklusive Formulierung, dies bitte ich zu entschuldigen.

Fakten und Daten basieren, soweit nicht anders gekennzeichnet, auf dem Stand von Juni 2017.

Malte Spitz, geboren 1984, befasst sich seit 15 Jahren mit Fragen des digitalen Wandels, als Politiker, als Autor und Aktivist. Er ist Mitgründer und Generalsekretär des Vereins *Gesellschaft für Freiheitsrechte* (GFF), der mit rechtlichen Mitteln für die Stärkung der Grund- und Menschenrechte kämpft. Seit 2013 ist er Mitglied im Parteirat von Bündnis 90/Die Grünen, zuvor war er sieben Jahre Mitglied in deren Bundesvorstand. Für internationales Aufsehen sorgte er 2011, als er seine Vorratsdaten veröffentlichte, deren Herausgabe er gerichtlich erstritten hatte. Die Veröffentlichung wurde mit dem Grimme Online Award ausgezeichnet. 2014 erschien bei Hoffmann und Campe sein Buch *Was macht ihr mit meinen Daten?*. Malte Spitz lebt mit seiner Frau und zwei Kindern in Berlin.